言葉の由来

心が豊かになる
日本の美しい
言葉の由来

高橋こうじ

実業之日本社

はじめに

日本語には、和歌のみやびな言葉や俳句の季語、中国伝来の四字熟語など、誰もが興味をそそられる言葉が多くあり、その由来を紹介する本が盛んに出版されています。私もそうした本を書いてきました。が、心の奥には、一番大事な言葉に光が当たっていない、もったいないなあ……という思いがずっとありました。

一番大事な言葉。それは、私たちが日常生活で口にしている「ふだん使いの言葉」です。なぜなら、どれほど身近な言葉にも、その語が生まれ、定着するまでの由来があり、その中には、昔の人々の心の美しさや聡明さを伝えてくれるものがたくさんあるからです。そして、それが身近な言葉であるだけに、その由来を知る喜びは格別なのです。

たとえば、「ゆるす」という言葉。ほら、あの言葉と似ていますよね。それを意識すると、対人関係の視野がぐんと広がります。また、「住む」と「澄む」が元は同じ言葉だと知ると、ご先祖さまの清らかな心が時を超えて伝わった気分になります。こうした体験は、私たちの心を幸福感で満たしてくれます。

それは、言ってみれば、毎日使っている茶碗と箸が、実は、先祖が思いを込めて作ったものだったと知った、そんな気分です。自分は深く考えずにいろいろな言葉を口にしてきたけれど、実は、昔の人々の温かい心や美しい世界観とともに生きてきたんだ……。そんな感動が湧き、とても豊かな心地になるのです。

この宝の山が注目されないのは、ひとえに、身近すぎて、その魅力が見えづらいから。それだけです。本当にもったいないこと。

そこで、一念発起して約二千語の語源を調べ、その中で、特に私たちの心を温め、癒し、幸せにしてくれる八十余りの言葉の由来をまとめたのが『日本の言葉の由来を愛おしむ―語源が伝える日本人の心―』（東邦出版　二〇一七年）です。幸い、多くの方のご支持を賜り、このたび、あらためて実業之日本社より『心が豊かになる 日本の美しい言葉の由来』と題名され、刊行される運びとなりました。感謝に堪えません。

どうぞ、あなたも日ごろ口にされている言葉の素晴らしさを存分に感じて、ご先祖さまから知恵と癒しと幸せを授かってください。

高橋こうじ

二〇二一年三月

もくじ

はじめに……2

一章
ちいさな発見……8
世界を見る目が変わる

もみじ……10
縞……12
つめ……14
ため息……17
舞う……20
思い出……22
炊きたて……24
お焦げ……26
打ち合わせ……28
日にち……30
ついたち……32
しおり……34
わかる……36
こぼれる……38
にせもの……40
このたび……42
湯……44
寝息……47
静か……50

コラム 挨拶の言葉① 「いただきます」と「ごちそうさま」……52

二章古の感覚に触れる

ご先祖さまが感じたこと……54

暮らし……56
住む……60
すぐ……62
雨宿り……64
瞳……66
いらいら……68
りりしい……71
はぐくむ……74
身……76
里芋……78
さむい……80
日なた……82
声……84
道……86
波……89
おひとつ……92
屁理屈……94
お開き……96

三章発音と語感を楽しむ

口楽しく耳喜ぶ……98

まる……100
和える……103
つぶ……106
四と七……108
パセリ……111
我が家……115

桃……118
うやむや……120
ふんわり……124
うっとり……128
こんがらかる……131
朝っぱら……133
みるみる……136

コラム 挨拶の言葉② 「行ってきます」と「行ってらっしゃい」……138

四章 人生の気づきを得る

大和言葉の哲学……140

おおやけ……142
表……145
いろいろ……148
みずみずしい……150
謎……152
めずらしい……154
前……156
こころなし……158
ほのぼの……161
◯◯ごこち……164
ささやか……166
真心……169
互い……171
慣れる……174
生きがい……178
正しい……181
ゆるす……184

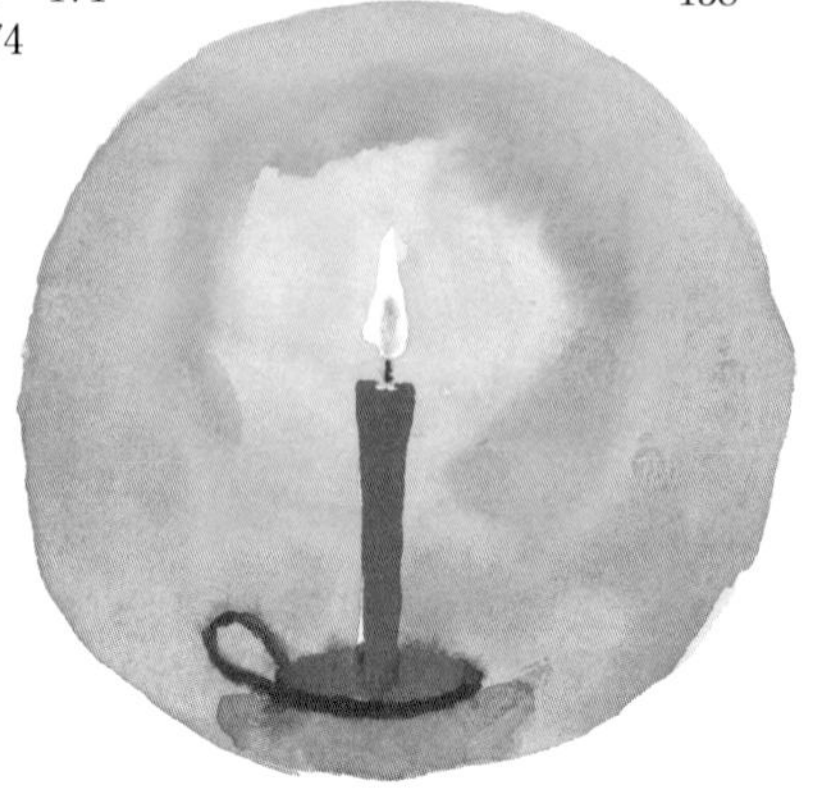

コラム 挨拶の言葉③ 「すみません」と「ごめんなさい」……186

五章 にほんご人間模様……188
言葉を心の建材にする

大丈夫……190
にこにこ……196
気配り……198
ねぎらう……201
いじらしい……204
怒りんぼう……206
中ぐらい……208
ボタンの掛け違い……210
適当……212
聞くともなく……215
○○したがる……218
むら……221
あきらめる……225
憎めない……228

参考文献……230

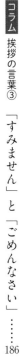

一章

ちいさな発見

なぜ、月の初めの日を「ついたち」と呼ぶのでしょう。
なぜ、ストライプ模様は「縞《しま》」なのでしょう。
その由来は、いたって簡単なこと。
でも、それを知ることは私たちに思いがけない発見をもたらします。
今後、何回となく訪れる、こうした言葉を使う場面のすべてで、
新たな「ついたち」や「縞」のイメージが
眼前に広がることになるからです。
その鮮やかな転換を楽しんでください。

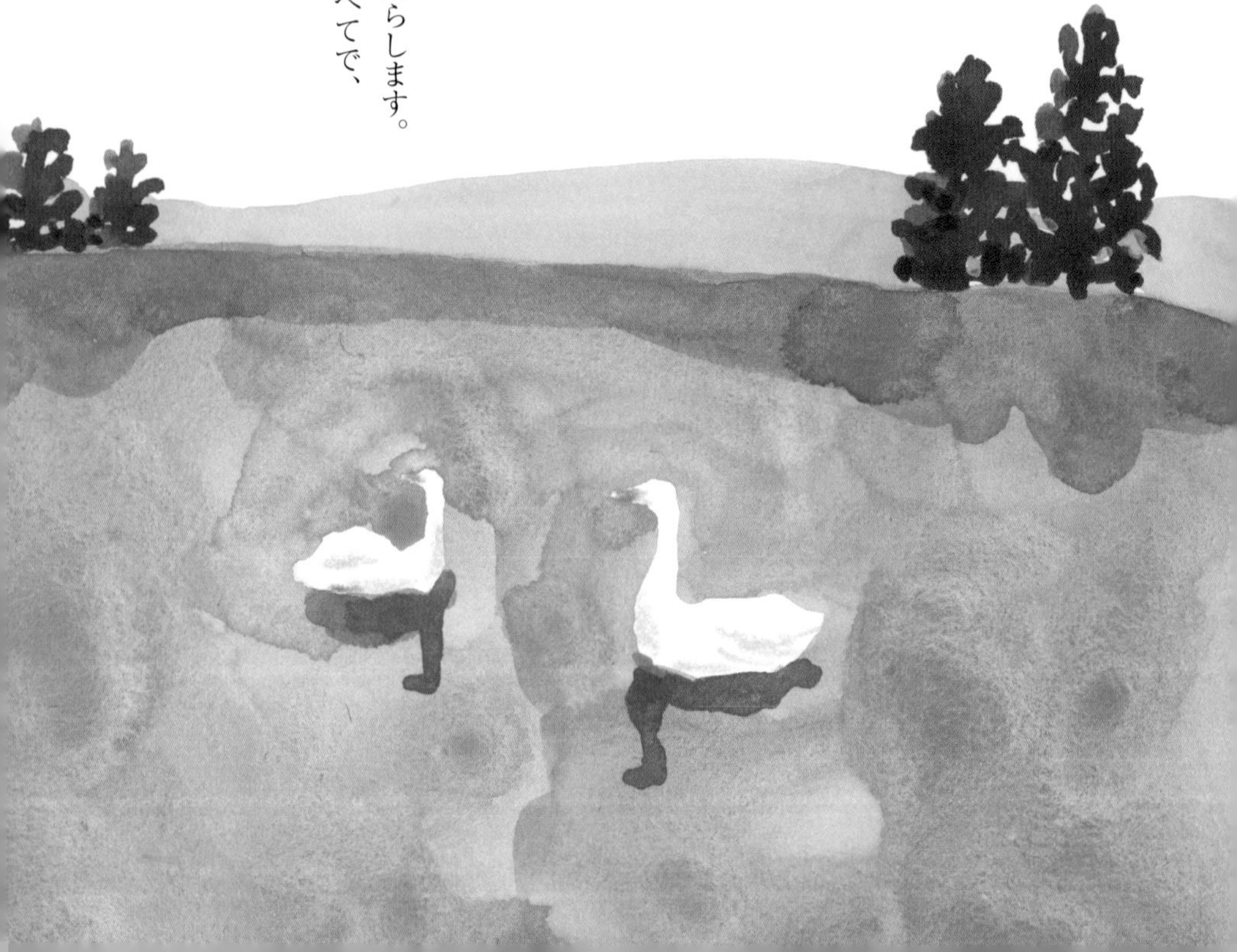

もみじ

秋、木々の葉が赤や黄色に染まることや、そのように色づいた葉のことを、私たちは「もみじ」と呼びます。この柔らかな音の響きは、穏やかな日本の秋の景色に溶け込んで優しい味わいを醸していますが、いつのまにか忘れられてしまったのが、そのもとにある意味です。

「もみじ」という言葉は、私たちにとっては純粋な名詞ですが、古代の人にとっては「もみづ」という動詞の活用から生まれた言葉でした。「もみづ」とは、草木の葉が赤や黄色に変わること。昔の人々は、現代風に言えば「あの葉っぱ、もみぢているね」というような言葉の使い方をしていて、そこから「もみぢ」という名詞が生まれたのです。「ぢ」を「じ」と書くことが標準となったのは戦後です。

では、なぜ葉が色づくことを「もみづ」と言ったのか、といえば、もともとは「揉み出《い》づ」だったというのが定説です。つまり「揉んで出る」ということです。

私たちは塗料や染料をふんだんに使える世界に暮らしているので、物の色が変わる、という現象に慣れてしまっていますが、人工物がほとんどない環境で生きていた昔の人々にとって、たくさんの物の色が、より派手なほうへがらりと変わる、というのは驚くべき現象でした。だから、秋の深まりとともに木々の葉が一斉に色づくのを見ると、神や精霊の偉大な力を感じていたことは想像に難くありません。

でも、神様はいったいどうやって木々の葉を染めるのか。人々の心に浮かんだのは、自分たちが布を染めるときの手順です。たとえば紅花《べにばな》染めでは、花を繰り返し揉むことで鮮やかな紅色が得られます。だから神様も木々の葉を揉んで、内部に潜む美しい色を表に滲み出させているに違いない。それで「揉み出づ」と言うようになった、と考えられます。

この語源を心に置いて秋の野山を眺めるとき、目の前に広がっているのはただの美しい景色ではありません。私たちは、神様が手ずから揉み出してくれた赤や黄色を見ているのです。

縞《しま》

棒縞《ぼうじま》、大名縞《だいみょうじま》、金通縞《きんつうじま》といえば、織物における模様の種類。結城縞《ゆうきじま》、八丈縞《はちじょうじま》、秩父縞《ちちぶじま》などは産地別の名称。和服の世界は、縞の模様を持つ織物についての言葉であふれています。

でも、この「縞」という言葉は『源氏物語』にも『徒然草』にも見られません。古代にも平行線の柄はあったのですが、それらは「筋《すじ》」や「段《だん》」と呼ばれていました。「筋」はもっぱら縦の線で、横だと「段」。この呼び名からすると、当時の人々はもっぱら「線がある」ことに注目していたと思われます。

そんな日本に、より進んだ染色の技法を持つ東南アジアや中国南部、インドなどの織物が入ってきたのが室町時代の後半。その中にあったストライプの柄に日本人は目を見張りました。色のコントラストがとても鮮やかだったからです。ここで初めて人々は「異なる色が平行線を成す」美しさに注目し、心を惹かれたようです。でも、この新鮮な美しさを何と呼んでいいかわからない。そこで、「南の島から到来したもの」とい

う意味の「しまもの」を縮めた「しま」が、自然にその名になりました。つまり、「縞」は「島」。はじめは遠い南方の産地を漠然とイメージして使っていた「しま」が、年月を経て完全に模様の名になってしまったわけです。

高校時代、初めてこれを知ったときは興奮し、友だちに触れてまわったのを覚えています。なにしろ、とても単純な意匠である縞は、太古の昔から日本にあったと信じ込んでいたので。

でも、いまはまた別の驚きを感じています。外国からもたらされたものを見事に消化、吸収する日本人の特性についての驚きです。キリスト教や鉄砲などとともにストライプの織物が入ってきたとき、先祖たちは「何だこれは！」と目を見張り、「異国のものは素晴らしい」と感じたのでしょう。だから「島」と呼んだ。けれど、この「島」はすぐに模様としての「縞」になり、縞模様は和服の代表的な柄になったわけです。

日本人のこうした特長については、よく明治の文明開化や戦後の高度成長の話の中で語られますが、実ははるか昔、中世の終わりの先祖たちが「しま」の吸収でその実力を発揮していたのです。

つめ

この本の執筆中、ジョギングをしていて派手に転び、手と足を傷めたのですが、治るまでの三カ月は、とても興味深い言葉のグループと向き合う日々でもありました。それは、爪を意味する「つめ」という語を中心とするさまざまな言葉です。

足の負傷で一番つらかったのは親指の爪が剥がれたことですが、そうなったのは私が路上の段差で「つまずき」、「つまさき」を打ったせい。ここに「つめ」「つま」という似た発音が並ぶのは偶然ではありません。実は「つめ」と「つま」は一つの言葉のバリエーションと考えられ、その基本の意味は「手、足、器物などの端」です。つまり、大昔の人々にとって「つめ」とは「手の端」「足の端」のこと。それが時代を経るにつれ、そこにある平べったい角質を指す「爪」になったのです。

また「つまずく」は「足の端」である「つま」が地面を「突く」こと。「つまさき」は文字通り「足の端」の「先」です。爪が再生するまで、ほぼ毎日、こうした単語を日記帳に書いていた私は、ご先祖さまにこんなお説教をされている気分でした。「手足の先端は、人が体を動かすときに周囲のものとぶつかる可能性が高い特別な部位。だからこそ硬い爪もある。それが感じられるように一連の言葉をつくって遺したのに、用心せず、こんなひどい怪我をするとは困ったものだ」と。

手の負傷は打撲と捻挫でしたが、とにかく両手がコッペパンのように腫れて指が曲がらないので、箸やキーボードをうまく使えません。その治療とリハビリの最中にいつも意識していたのが「つまむ」という言葉でした。ほとんど動かなかった指が少しずつ動き始めたとき、この言葉がなんと美しく輝いたこと！　「つま」から生まれた「つまむ」という言葉の響きが、「先端で物をとらえる」行為の繊細な美しさを鮮やかに表現しているように思えたからです。

もう一つ、強く意識したのは、やはり「つま」から生まれた「つむ」という動詞。「つまむ」がはさむだけなのに対して、こちらは切り取る動作も含みます。怪我の二カ月後、やっとのことでイチゴのへたを「つむ」ことができたときの感激は忘れられません。そして、こうした言葉をまぶしく感じながらリハビリをしているうちに、「おつまみ」「茶つみ」といった耳慣れた言葉にもありがたみを感じるようになりました。そう、私たちがさまざまな食べ物やお茶の味を楽しめるのも、人間が手の先端を器用に動かせるおかげです。

「つめ」から生まれた言葉はほかにもあって、たとえば「つねる」は「つめ」と「ひねる」が合わさった言葉。「つめたい」は手足の端である「つめ」が低温のものに触れて「痛い」と感じることを示す「つめいたし」が変化したものと考えられています。ここでは「先端」が温度センサーの役割を果たしているわけです。

すっかり回復したいま、私の手足の先は思い通りに動いてくれます。負傷自体はつらい出来事でしたが、「つめ」や「つま」という語の響きを聞くたびに「大切な先端の働き」を感じられるようになったことは、怪我の功名と言っていいかもしれません。

ため息《いき》

「ため息」という言葉には矛盾が潜んでいます。

私たちは、ものごころついたときには自由闊達《かったつ》にしゃべっています。これは、言い換えれば、暮らしの中で盛んに使われる言葉は、その意味や成り立ちを考える能力も機会も持たないうちに語彙《ごい》になる、ということ。自分の語彙は、いわば自分の頭脳の一部ですから、客観的に見ることは非常に難しく、そこに小さな矛盾が潜んでいても気づきません。

もちろん、それでも意思疎通には困りません。でも、気づかないせいで、その言葉が持つ独特のニュアンスや魅力を見過ごしている、ということがあります。その代表が「ため息」です。

ため息ってどんな息？と聞かれたら、あなたは、ものごとが望み通りに進まなかったときや、素晴らしくきれいな景色などを見たときに、思わず、ふうっと吐き出す息、そんなふうに説明するでしょう。それで正解です。辞書にもそうあります。

でも、「ため」は「溜める」の語幹であり、その意味は、何かが外に出ないよう留めたり、貯蔵したりすることです。「ため水」「ため池」は、流さずに留められている水、そうした水でできた池のこと。だから素直に見れば、「ため息」は「吐かずに留められている息」なのです。

それが、なぜ「吐く息」になったか。これは察しがつきます。もっぱら「ため息をつく」「ため息が出る」という形で使われるからです。そのため、息を留めている状態よりも、それを吐く情景や心境が人々の心に深く刻まれ、やがて「吐く息」を指す言葉になってしまったのです。

こういう変化は珍しくありません。たとえば「募金をする」。本来は「寄付を集める」ことですが、「募金に協力する」という言い方が頻繁になるにつれお金を渡すほうのイメージが強くなり、「寄付をする」という意味が定着しました。「ため息」も、いまやみんなが「吐く」イメージで口にするので、この小さな矛盾は誤解も違和感も生みません。

でも、せっかく「ため」という言葉を含んでいるのです。ときには、吐く前に息をためていたこと、つまり「息を吐かなかった数秒間」があったことに注目してみましょう。

たとえば、大事な試合に負けたあとのため息。なぜ数秒間、息を吐かなかったのか。それは、打ちひしがれていたせいではありません。その逆で、心の中では、自らを励まそうとする思いや、誇りを保とうとする思いが落胆と戦っていた、その葛藤による緊張のせいで呼吸が中断したのです。でも、敗北のショックが減ることはなく、数秒後には緊張が緩む。その瞬間、たまっていた呼気がふうっと外に出るわけです。

　感動のため息はどうでしょう。この場合は、驚いたときと同じ生理的反応としての緊張で呼吸が止まるのでしょう。いわゆる「息をのむ」状態です。

　では、私たちが「色っぽい」と感じる、女性のため息は？　多くの場合、その心にあるのは我慢だと考えられます。好きな人に言いたい言葉があるのに、言わずにいる。あるいは、はっきり見せてしまいたい態度や表情があるのに見せずにいる。そうした我慢が生む緊張のせいで、息を吐かずにいる数秒間が生じ、やがて「ため息をつく」わけです。

　こんなふうに、「ため息」という言葉を「ためていた息」として見直すと、それを吐き出す前の心の状態に想像が及び、「ため息をつく」という行為がぐっと深みを帯びます。今度、親しい人がため息をついたら、このことを思い出してみてください。きっと、その人のことをいままでより深く理解できるはずです。

舞《ま》う

ダンス、すなわち音楽に合わせて体を動かすことで、感情を表現したり、参加者の親睦を深めたりする習慣は、世界中の人々が大昔から育んできた文化です。では、日本語で「ダンスをする」という意味の動詞は何か。そう問われたら、たいていの人は「踊る」と答えるでしょう。もちろん正解ですが、でも、もう一つあります。「舞う」です。

「踊る」と「舞う」はどう違うのでしょう。大きな辞書を引くと、「踊る」は跳びはねるような上下方向の動き、「舞う」はすり足で移動するような水平方向の動き、とあります。そう言われれば、確かに躍動感があるのは「踊る」で、「舞う」は音を立てずに優雅に動いている感じですね。

そして近年は、激しく動くダンスを得意とするアーティストが人気を集めているので、「踊る」が盛んに使われるいっぽう、「舞う」はやや影が薄くなっている気がします。

でも、「舞う」という言葉があってよかったと、しみじみ思うことがあります。たとえば、桜の季節。桜の花びらが風で右へ流され、かと思うと翻って左へと漂いつつゆっくり落下するさまに、私たちは「舞い散る美しさ」を感じますが、それは日本語に「舞う」という言葉があるからこそ。「踊る」しかなかったら、「上手に踊っている」とは言いづらいので、その様子をめでる習慣は生まれていなかったかもしれません。あるいは冬の日、窓から入ってくる風花《かざはな》に風情を見いだすのも、それを「舞い込む」と感じるから。吹き込んだと思ったら、それはただの雪です。

つまり、私たちがさまざまなものの水平方向の動きに美しさを感じることができるのは、「舞う」という言葉のおかげです。ダンスの中にある上下と水平の動きに異なる美しさを見いだし、水平の動きにはそれ専用の「舞う」という言葉を付した先祖たちの繊細な感性は、千年の時を越えて私たちの心を豊かにしてくれているのです。

思《おも》い出《で》

「思い出」は、誰もがよく使う言葉ですが、その素朴さゆえに、意味を深く考えることはありません。そのため、意味する範囲が広がって、最近は「記憶」と言い換えても構わないような使い方が多くなっている気がします。

今日は「思い出」という言葉をじっと見つめてみてください。そこにあるのは「思う」「出る」という二つの動詞。つまり「思い出」とは、「思う」ことで「出てくる」ものです。「思う」対象は過去の出来事や場面であり、「出てくる」のは、そこにいた人の姿や、聞いた声や、目にした情景、ときには匂いや、味や、感触であることもあります。私たちは一人で思い出にふけったり、友だちと思い出話に興じたりしますが、それは単なる記憶の確認ではありません。私たちの脳はとても不思議で、いったん過去に思いを馳せると、そこからは自分の意思を越えて、当時の情景が次から次へと眼前に現れ、聞いた音が歳月を越えて耳の奥に蘇り、それらはどんな形でいつまで続くかわかりません。

これは、おそらく人間だけが持つ能力です。地球上のあらゆる動物は、目の前に立ち現れる種々の事象に対処するために全神経を精一杯働かせていて、当然、五感もそのために使っています。だから、脳が視覚情報や聴覚情報として受け取るのは百パーセント、その瞬間に体が浴びている光や音です。ところが人間だけは、それが百パーセントではないのです。人間の脳は過去に知覚したものを蘇らせることができるので、私たちは、目の前の世界に対応しつつ、もう会えない人の姿や、その声や、失われた故郷の景色とも出会っています。「思う」と「出てくる」。それは、ほかの生きものから見れば魔法以外の何ものでもないでしょう。それが「思い出」です。

もちろん、そのすべてが楽しいわけではなく、悲しみを呼び起こすものもあります。でも、もし脳科学者が「研究のため、あなたの脳のこの働きを消していいですか」と尋ねたら「はい」と答える人はいないでしょう。今後の人生の中でまだ何百回も見たい顔や景色があるし、いつか何かのきっかけで、これまでは出てこなかった情景が現れるかもしれないのですから。

炊《た》きたて

「炊きたて」「できたて」などの「たて」は、主に「炊く」「できる」のような仕事や動作を表す動詞のあとについて、「その動作が終わった直後」という意味の言葉を作ります。だから「炊きたて」は炊いた直後、「できたて」はできた直後、という意味です。

でも、それはあくまで意味の説明です。もし食堂のメニューに「炊きたてのご飯」と「炊いた直後のご飯」があったら、十人のうち十人が「炊きたて」を選ぶでしょう。「炊きたて」のほうがずっとおいしそうだからです。なぜでしょう。

その理由は、「たて」という言葉の出身地にあります。「たて」は、もとをたどれば動詞「立つ」が変化したもの。「立つ」が表すのは、幼く未熟だったものが立派になって「さあ、本番だ」とばかりに「立ちあがる」イメージです。だから、「動作が終わった直後」を表すとは言っても、歩く、壊す、消す、というような、あとに何も残らない動作を示す言葉に「たて」はつきません。「たて」がつくのは、その動作の結果、何かが完成して「本番を迎える」イメージを持つ動詞、たとえば、ご飯を「炊く」、布を「染める」、学校を「卒業する」といった言葉です。

こうした言葉に「たて」がついて、「炊きたて」「染めたて」「卒業したて」となると、私たちはそこにある「たて」の響きから、知らず知らず「立ちあがって本番を迎える」イメージを湧き立たせ、ご飯や布が見事にできあがった様子や、学業を修了した若者の溌剌とした姿を間近に見たような気分になる。だから、その美しさや魅力をたっぷりと感じるのです。

「たて」の働きが最も効果的に発揮されるのは、やはり食べ物や料理に関する話題。ほとんどの食べ物や料理は、完成から間をおかずに食べることでそのおいしさを最もよく味わえるからです。炊きたてのご飯はその代表ですが、それ以外にも、揚げたてのフライ、採れたての野菜、もぎたての果物、挽きたてのコーヒー……。こうして書くだけでも幸せな気分になります。これらがどれも「揚げた直後」「採った直後」だったら、それはなんと味気ない世界か。「たて」という言葉を作ってくれた先人に感謝せずにいられません。

お焦《こ》げ

料理の一部が鍋などに焦げつくのはある程度しかたのないこと。でも、その量はできるだけ少ないほうがいいので、「焦げ」が生じにくいさまざまな調理器具が開発されてきました。しかし、日本語の世界ではそうした文明の進み方と矛盾する現象が……。それは、私たち日本人が主食であるご飯の焦げた部分について、敬意や親愛の情を表す「お」を冠した「お焦げ」という単語を作り、この言葉を愛していることです。

たとえば中華料理の「お焦げのあんかけ」では、炊いたご飯を焼き固めた「焼きご飯」をわざわざ「お焦げ」と呼んでいるわけで、「お焦げ」という言葉の好感度はかなり高いといえます。

なぜなのか。まず浮かぶのは、ご飯の焦げは香ばしくておいしいから、という答えですが、よく考えるとこの主張には無理があります。大多数の人が焦げのできない炊飯器を購入して使っている、という現実があるのですから。私は、味そのものではなく、ご飯の焦げが象徴する「喜びの瞬間」が謎を解く鍵であるように思います。

日本人にとって米は特別に大切な食物であり、炊飯はその米を口にするための最終段階。袋入りの米を買って炊飯器で炊くだけの私たちでも、うまく炊けている様子を見ると幸せな気分になります。

ましてや、ご飯を釜で炊いていた前世紀の中ごろまでは、日本は農業中心の国で、ほとんどの人が米作りの苦労を理解していましたし、炊飯の段階で火加減を誤ってまずいご飯にしてしまう可能性もあったので、上手に炊き上がったことを確認した瞬間の喜びはとても大きかったでしょう。そして、その際に必ず釜の底にあるのが少量の焦げた部分。その色と香りが、この喜ばしい場面の象徴になっても不思議ではありません。しかも、白いご飯とはひと味違う香ばしさもある……。

だから、人々は「お米はこんな隅々までありがたくできている」という感謝と喜びを感じながらこれを味わい、いつしか「お」をつけて呼ぶようになった、というのが私の推理です。そのため、「お焦げ」という言葉を口にするときの日本人の顔は必ずと言っていいほど明るくにこやかであり、私たちも知らず知らずその習慣を受け継いでいるのです。

打《う》ち合《あ》わせ

さまざまな人が関わる仕事やイベントが企画されると、必ずおこなわれるのが「打ち合わせ」。私たちは、その目的をよく知っています。各自の役割を確認し、円滑なコミュニケーションがとれる関係を作ること。また、不安な箇所があれば解決策を練り、すべてがうまく運ぶよう手順を整えることです。

でも、頭ではそう理解していても、現実には、こうした目的をすべて果たす打ち合わせはなかなかおこなえません。特に、仕事の中心メンバーとそれ以外の人の間に、成功に向けての熱意や手にしている情報量の差があると、参加者の多くは、自分は何をすればいいのかを確認して帰るだけ、ということになりがち。すると、本番で連携がいまひとつ、ということになるのです。

もし、先祖たちがそんな様子を見ていたら、こう言うかもしれません。「打ち合わせという言葉の意味をわかっていますか?」と。

「打ち合わせ」とは、古代から伝わる雅楽の世界で、太鼓などを打つ音に合わせ、笛、琴といった楽器を演奏すること。つまり合奏です。奏者たちが、各自の持ち分の稽古を終えたあと、「本番を前にみんなできちんと合わせてみよう」と全員で合奏する、そのリハーサルを指す「打ち合わせ」という言葉が、イベントなどの前におこなう話し合いという意味に発展したのです。

みんなで一つの音楽を演奏するのですから、当然、全員の心が一つになっていなければなりません。また各自がほかの人の発する音をよく聞き、合わせることで全体として美しい響きを作ることが求められます。それが「打ち合わせ」です。

この語源を知ると、私たちがおこなう打ち合わせも、そうした会合、すなわち「リハーサルの合奏」のような話し合いが理想だ、と気づかされます。もちろん、たやすいことではありませんが、それができれば成功への展望が大きく開くことは、十分に想像できます。まずは「合奏のようにみんなで合わせる」という理想像を全員で共有したいものです。

日《ひ》にち

取り引き先と打ち合せをすることになったとき、あるいは、仲間で遊びに行こうという話が出たとき、私たちは言います。「じゃあ、日にちと場所を決めましょう」。そのたびに私は「日にちっておもしろい言葉だよねえ。誰が作ったんだろう」と言いたくなります。

言うまでもなく、その意味は「日《ひ》」、英語の「ｄａｙ（デイ）」です。それ以上の意味はありません。では、なぜ「日にち」という言葉が生まれたのか。会話の中で「日《ひ》」という語を使うと誤解が生じやすいから、と考えられます。なにしろ「日《ひ》」はたった一音なので聞き逃しやすいし、太陽、日光という別の意味や、「火」「非」などの同音異義語もあります。また「日《ひ》と場所を決める」という言い方は「一場所」や「人・場所」と受け取られるかもしれません。

そこで先人たちは、「日《ひ》」に短い語尾をつけ加えて、聞き取りやすくて意味も明確な単語を作る、という道を模索したと思われます。これはよくあることで、たとえば、「葉」「根」「田」という言葉は、やはり一音で聞きづらいため、短い語尾のついた「葉っぱ」「根っこ」「田んぼ」という言葉が作られ、私たちも会話ではこちらを多く使っています。

でも、いったいどこの誰なのでしょう、「日《ひ》」については実にユニークな技を用いたのです。それは、「日《ひ》」の後ろに、同じ漢字の音読みである「にち」をつける、という大胆な方法。その結果、「葉っぱ」や「根っこ」などと比べると硬い印象の「日にち」という言葉が生まれました。だから私たちは、あらたまった言葉づかいを求められる場面でも「日にちは○○です」という表現を使えるわけです。

このような口語の表現は記録に残らないので、この語を思いつき、広めた「言葉の天才」たちが、果たしてそこまで考えたかどうかは明確でなく、そもそもいつ頃から使われていたのかもわかっていません。でも、とにかく、私たちは毎日のように「日にち」という言葉を便利に使っているのですから、天才たちは雲の上からその様子を見て満足げに微笑んでいることでしょう。

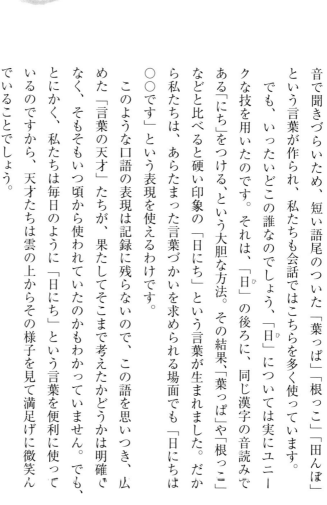

ついたち

各月の一日目は「ついたち」。次は「ふつか」。そして「みっか」「よっか」「いつか」……と続きます。このように、かな書きで並べると、「ついたち」だけ言葉のでき方が違うことがはっきりしますね。「ふつか」以降は、ひ、ふ、み、よ……という数を表す大和言葉に「日」という意味の「か」をつけた呼び名で、理にかなっています。

そんな中で、なぜ一日目だけは例外的な名になったのか。はるか昔に生まれた言葉なのでその理由を知るすべはありませんが、私たちの感覚では「ひ」と「か」を組み合わせた「ひつか」あるいは「ひっか」という言葉は発音しづらく、また聞き取りにくい気がします。あくまで想像ですが、遠

い昔の先祖たちもこの呼称を好まなかったのかもしれません。

いずれにしても、月の一日目だけは特別な言い方が採用されました。それは、「月が立つ」という意味の「つきたち」です。この「月」は、暦の月でもありますが、空に浮かぶ月でもあります。なぜなら、旧暦では月の満ち欠けを基準に暦の月を決めていたから。つまり、十五夜の空に丸々と輝いていた満月が日ごとに細り、「今日でもう見えなくなる」日が、その月の最終日。そして翌日、すなわち「さあ今日からは少し膨らんでいくぞ」という日が、新たな月の始まりの日でした。先祖たちはこの日を「月が立つ日」ととらえて「つきたち」と呼び、それが「ついたち」になったのです。今日から月が立つ。だから、ついたち。そう思うと気分がしゃきっとしませんか。

ちなみに旧暦の時代には、月の最後の日を、空の月が「今日でもう見えなくなる」日、つまり「月が籠《こも》る日」と見て「つきごもり」、転じて「つごもり」と呼びました。太陽暦を採用している現代では、残念ながらこの「つごもり」も「ついたち」も、空にある月の姿と合致しませんが、それでも、月が籠る日の次に月が立つ日が訪れる、というイメージを心に描けば、月の変わり目を新鮮な気分で迎えられるように思います。

しおり

しおりとは、読みかけの本をいったん閉じるときに「ここまで読んだ」という目印として、はさむ紙片。でも、遠足などで主催者が皆に配る、日程や注意事項などを記した数ページの冊子もしおりと呼びます。意味は違うのに同じ単語。こういう言葉には好奇心をそそられます。その奥に深い意味が隠れている場合が少なくないからです。

「しおり」は、まさにそうでした。辞書で「しおり」を引くと、まず書いてあったのが「山や森を進む際に、迷わぬための目印として、通った道の木の枝などを折っておくこと」という説明です。古くは、そうやって自分で道しるべを作ることを「枝折《しお》る」と言い、その名詞形が「しおり」なのです。

だから、大昔の人にとって「しおり」とは何だったかを説明せよ、という課題を出されたならば、「あとで迷わぬよう自分でつける印」という答えも正解であり、「山などを歩く際に手引きとなるもの」という答えも正解。そして、前者の意味を引き継いで生まれたのが本にはさむしおりで、後者の意味から生まれたのが、遠足などで配られる冊子のしおり、というわけです。

もともとの意味がわかると、二種類の「しおり」のイメージがそれぞれに深まり、また広がります。たとえば、遠足のしおりを手にする機会が訪れたら、「昔の人々は木の枝に大切な情報を託していた。それに代わるものとして、私はいま、この冊子を持っているんだ」という思いが湧き、手にした薄い一冊が文化の発展の象徴に見えることでしょう。

いっぽう、本にはさむしおりについては、そこに重なって見える「木の枝」が読書のありようを変えるかもしれません。「さあ、続きを読もう」と本を開くとき、そこにあるしおりが「山道を進むための目印」に見えれば、その本は高い山、あるいは深い森。私たちは、読書とは「未知の世界を探検すること」だと感じながら、先へ先へと読んでいくことになります。そうした読み方は内容への集中を高め、森を出たあと、すなわち本を読み終えたあとに残る感動も、より深いものにしてくれそうです。

わかる

「国際情勢がわからない」「歴史の授業、全然わからない」「彼女の心がわからない」。そう、この世界は「わからない」ことだらけです。そこで、ここでは「わかる」という言葉の本質をご紹介しましょう。それが「わからない世界」への対応を知ることにつながるからです。

「わかる」の語源は、分岐して別々になる、という意味の「分かる」、いまの言葉に直せば「分かれる」です。「分かれる」と「わかる」、全然違うじゃないか、と思われるかもしれませんが、実は「わかる」の本質は「分かれる」ことなのです。何が分かれるのか。それは、頭の中での「情報の通り道」です。

山にキノコ狩りに行った場面を思ってください。目の前においしそうなキノコがあっても、初心者は毒の有無がわからないので手が出ない。でも経験を積んだ人は「これは大丈夫。これはダメ」と判断できます。その頭の中を漫画風に表すなら、目に入ったキノコの情報が頭の奥へと進むと、道が二つに分かれていて、いっぽうの先には「毒のないキノコ」

と書かれた箱、もういっぽうには「毒のあるキノコ」の箱がある。知覚されたすべてのキノコは必ずどちらかに「分かれる」。それが、キノコの毒の有無が「わかる」ということです。より熟達した人の場合は、「道」がもっと多く分岐していて、その先には「焼けば食べられるキノコ」「ゆでるとおいしいキノコ」など、たくさんの箱がある。だから見つけたキノコはより細かく「分かれる」。そういう頭の働きのことを、私たちは「キノコのことがわかる」と言うわけです。つまり「わかる」とは、見聞きした情報を記憶する際に、頭の中にある箱の一つにきちんとしまうこと。それができたとき、私たちは「わかった」と思えるのです。

となれば、「わからない」事柄への最良の対応がおのずから浮かびます。まずは、その分野についての基礎的な情報を得て、頭の中に、二、三個でいいから、大きな箱を作ること。そしてその後は、その箱を少しずつ分割し、箱の数を増やしていく。それが「わかる」ための王道です。国際情勢がわからないなら、まずは、いまの世界がどんな勢力に分かれているかを知る。日本史がわからないなら、まずは、どんな時代に分かれているかを知ること。そこを省いて大事な箇所が「わかる」ことはありえません。

こぼれる

「お茶がこぼれる」の「こぼれる」は喜ばしい言葉です、と言ったら、あなたは「そんな馬鹿な」と思われるかもしれません。でも、フルーツが山と盛られた大きなケーキを切り分けながら、みんなで「あ、ぶどうがこぼれる」「桃がこぼれた！」などと言っている場面を思ってみてください。ちょっと想像しただけでも「こぼれる」という語がほのかな幸福感を漂わせていることを感じるはずです。

もちろん、すべてに当てはまる話ではありません。あなたがウェイターだったら「こぼれる」という言葉は聞きたくないでしょう。面倒な後始末や叱責を連想させる言葉ですから。また一般の人であっても飲み物などをこぼしてしまった場面では、たいてい顔をしかめているはず。にもかかわらず、日本人は昔から「こぼれる」という言葉を好み、むしろ喜ばしい場面で比喩的に用いてきました。満開の花は咲きこぼれ、子どもからは愛敬がこぼれ、女性からは色気がこぼれます。散る桜や梅の花を指す「こぼれ桜」「こぼれ梅」という美しい言葉もあり、和菓子や飲料の名にもなっています。

「こぼれる」という語がこれほどまでに愛される、その最大の理由は「こぼ」という音が生む「たっぷり感」です。「こぼれる」とは、単に「液体が流れ出る」ことではなく、容器の中の液体が「こぼこぼ」と器のふちを越え、外に流れること。「こぼ」は擬音なのです。だから「こぼれる」という言葉が使われるのは、多くの場合、注ぎ方が下手だったり、容器がゆれたりしたせいで「たっぷりある液体の一部があふれる」場面。したがってこの言葉を使う人は、意識の前面では流れ出る部分の損失を惜しみつつも、同時にそれが「たっぷりある」ことも感じることになります。すなわち、おいしいものや栄養になるものが、いま目の前にたっぷりある、という実感。それは、一つ一つの場面では意識されない小さな幸福感ですが、長い歳月の中で多くの人々が共有するものとなり、「こぼれる」に「豊かさを喜ぶ」ニュアンスが宿ったわけです。

「笑みがこぼれる」「白い歯がこぼれる」という表現もよく使われますが、これらは古い用例があまり見られないので、どうやら現代になって広く使われだした慣用句のよう。日本人はいまも「こぼれる」という語を愛し、その喜ばしいイメージを活かす場を開拓しているのです。

にせもの

私たちは幼くして漢字をみっちり教えられ、ふだんの生活でも頻繁に漢字を使っているので、頭の中にある日本語の語彙、いわゆるボキャブラリーの多くは、その漢字表記と一体です。だから「うま」と聞けば、もちろん実物の馬のイメージも浮かぶけれど、同時に「馬」という漢字も頭の隅に浮かぶ……。この能力については、迅速なコミュニケーションや緻密な思考につながるという説もあり、私たちが日本人や日本語について自慢するときに、しばしば語られます。

でも、実は、いいことばかりではありません。言葉によっては、脳裏に浮かぶ漢字のせいで、その語を使い始めた昔の人々の視点や感じ方が見えづらくなる、ということが起きるからです。

その代表は「きのこ」。「茸」という漢字表記が広まったため、先祖たちの心にあった「木の子」というかわいいイメージは、もはや風前の灯火です。「たけのこ」や「たきぎ」も、「きのこ」ほどではありませんが、「筍」「薪」という漢字の存在が語感をぼやけさせています。「竹の子」「焚き木」と表記する習慣が続いていたら、先祖たちの思いがより明確に伝わるのですが……。「かみのけ」も、このようにひらがなで書いてじっと見つめれば、多くの辞典が採用している「上《かみ》の毛」という語源が頭に浮かぶのですが、「髪」という字の印象がとても強いので、私たちはそれをほとんど意識しません。

そして、最近になって「あ、これもそうだ」と気づいたのが「にせもの」です。この言葉を耳にしたとき、私たちの心に浮かぶのは「偽者」あるいは「偽物」という文字なので、「にせもの」は、いかにも悪いやつ。でも、そう、もうお気づきですね。もともとは「似せもの」です。つまり、本物に似せた人や物。

そういう言葉だと意識すると、どんなふうに似せたのだろう、どこまで似ているのだろう、という興味が先に立ちます。たとえば、近所のイベントに氷川きよしが来るというので行ってみたら、そっくりさんの歌手〝氷川きよし〟だった、という場合も、「似せもの」だと思えば腹を立てずにすむ、と思うのですが、いかがでしょう。

このたび

私はフリーの物書き、つまり自由業なので、お勤めの人と違って、新たな仕事をもらうたびに依頼者と契約する、ということになります。だから、会話や手紙、メールの中で、「このたびはありがとうございます」「このたびはお世話になりました」という言葉を数えきれないほど述べ、自ずと、自由業者にとって「このたび」は嬉しい言葉だ、という印象を抱いてきましたが、それ以上の関心は生まれませんでした。

でも、あるとき東北地方への旅行を伴う仕事をもらい、その御礼を綴る中で「このたびは」と書いたとき、ふと思いました。これだと「この旅は」という意味にもとれるぞ、と。そして、辞書を引いてみると、なんと「このたび」の「たび」の語源は「旅」と考えられる、と書かれていました。こういうことがあるから語源探索はやめられません。

辞書にはこうありました。「品物や恩恵を与える」ことを指す「賜《たま》う」という言葉は現在も使われていますが、かつてはほぼ同じ意味の「賜《た》ぶ」という動詞があった。そして貨幣もクレジットカードも携帯食品もなかった時代の旅行は、行く先々で現地の人々から食料、泊まる家など、さまざまな恩恵を施してもらいつつ進むもの。言い換えれば、誰かに「賜びてもらう」ことを前提とする行為だったので、そこから「たび」と呼ばれるようになった。さらに、この「たび」は旅行の回数について述べる際にも使われ、やがて旅行以外の行為やものごとの局面の回数についても用いられるようになった、というのです。

残念ながら、この後半のプロセスを示す例文は見つけられませんでしたが、想像するに、何回も旅行したことを「いくたびもした」と言っているうちに「いくたびも山へ登った」のような表現が生まれ、「たび」があらゆる行為の回数を数える言葉になった、ということでしょう。その副産物として「たびたび」「たびかさなる」などの言い回し、そして「このたび」という言葉も生まれたのです。

この説は、まだ定説とまでは言えないようですが、私の心の中では、神社の入口に記された厳《おごそ》かな由緒のように輝いています。挨拶や御礼の文章で「このたびは」という言葉を使うたびに、昔の旅行の大変さと旅先で受ける恩恵のありがたさが思い起こされ、そのイメージが自由業という危うい人生を進む自分と依頼者の関係に重なるのです。

湯《ゆ》

　子ども時代、英語を教わり始めてまず驚いたのは、日本語では「基本的な単語」なのに、それに対応する一つの英単語が存在しない場合があることです。たとえば、兄、弟、姉、妹は、「ｂｒｏｔｈｅｒ（ブラザー）」「ｓｉｓｔｅｒ（シスター）」という単語に「上」「下」を意味する形容詞をつけないと表現できないし、腰は、背骨、尻、くびれのどれに注目するかを見定めて「ｂａｃｋ（バック）」「ｈｉｐ（ヒップ）」「ｗａｉｓｔ（ウエスト）」を使い分ける必要がある。

　最初は不思議でたまりませんでしたが、やがて「言葉はそれを使う人々の文化を表している」という先生の説明が理解できるようになり、そうなると今度は、私たち日本人が兄弟、姉妹の上下関係や、背骨と骨盤の「つながり具合」に注目する文化を持っている、ということがおもしろく感じられるようになりました。外国語を学ぶことは、自国の文化を見直すことにつながるわけですね。

　湯も同じような道筋をたどって、日本人独特の感性に気づかせてくれた言葉です。英語の授業で、湯という意味の単語は存在せず、英米人は「ホットウォーター」すなわち「熱い水」と表現していると教わり、「変わってるなあ」。でも調べてみると、フランス語も、スペイン語も、ドイツ語も「熱い水」という言い方なのです。かつて「湯（トウ）」という漢字を生んだ中国でさえも、いまはその仲間。現在、「湯（トウ）」はスープを意味し、ただのお湯は「熱水（レシュイ）」などと表現します。

この事実を知ってあらためて考えると、なるほど、それが当然なのかもしれない、という気がします。湯は、物質としては水。その温度が高いものは「熱い水」。合理的です。中国の人々が、時代が下るにつれて「湯」ではなく「熱水」を使うようになったのも、この合理性に惹かれてのことでしょう。そうなると、なぜ日本人は「湯」という言葉をずっと使い続けているのだろう、ということになります。

きっとあなたの心にも私と同じ答えが浮かんでいることでしょう。そう、温泉です。日本列島にはたくさんの温泉があった、言い換えれば、水を沸かさずとも自然が与えてくれる湯があったのです。おそらく私たちの先祖は、太古の昔からそこに身を浸して心身を癒し、また湯を飲んで体を温めることも多かったでしょう。

とは言っても、さめれば水になるのですから、それが「熱い水」であることは誰もが知っていたはず。でも、人々の湯に対する特別な思いは、そうした知識に基づく呼び名を吹っ飛ばして、感性に基づく名前のほうを定着させました。それが「湯」です。

「湯」。なんと大胆な命名でしょう。ユという発音は、日本語において最も優しく、柔らかく響く音の一つであるため、リラックスした状態を表す「ゆったり」「ゆるやか」や、なめらかな動きを表す「ゆれる」「ゆらめく」などの語頭に使われています。その音を、そのまま一つの単語にして、心身を癒してくれる液体の名にしたのです。先祖たちは、温泉の湯があまりにも気持ちよく、ありがたいものだったので、その気持ちを呼び名でも表現せずにいられなかったのでしょう。

だから、私たちは「湯」という言葉を口にしたり聞いたりするたびに、浴槽で私たちの体を包み込んで静かにゆれる、あるいは口の中や体の中を温めてくれる液体の、なめらかで心地よいイメージを蘇らせます。「湯」とはそういう言葉であり、「熱い水」で置き換えることなどとてもできません。湯が気持ちいいのは世界共通かもしれませんが、日本人には、会話でもそれを味わう幸せがあるのです。

寝息《ねいき》

「いびき」や「寝言」という言葉は、あって当然だと思います。同居人にとっては気になるもので、対処が必要な場合も多く、その話の中で、いちいち「睡眠時に出る音」「眠りながら口にする言葉」などと言うのは大変だからです。しかし「眠っているときの呼吸」はどうでしょう。

ふつうに考えると、聞こえるか聞こえないか……というその音に、特に注意を払ったり話題にしたりする理由は見つかりません。でも、日本語には「寝息」という単語があり、誰もが知っている。この事実は、日本人のものの感じ方の特色を教えてくれるように思います。

「眠っているときの呼吸」を私たちが意識するのはどんな場面か、想像してみましょう。まず、家の中には二人以上の人がいるはずです。なぜなら、呼吸している本人は睡眠中で意識できないから。また、その音の小ささを考えると、そこはとても静かであるはずです。つまり、静寂の中、まだ眠りについていない誰かの耳に、すやすや寝ている家族の呼吸の音が届いている、という情景が浮かびます。が、それだけでは足りません。その耳の主が「眠っているな」と思うだけで、すぐにほかの想念へと心を移したなら、それは特に意識する音にならないはず。意識するのは、その音が情感を湧き立たせるからです。

それは、自分には家族がいる、という喜びでしょうか。あるいは、みんな無事で一日を終えた、という幸福感か。ときには、久々に戻った家族を愛おしく思う気持ちや、逆に、近々家を出る子へのあふれる思いかもしれません。いずれにしても、ほんのかすかな音によって心がさざめき、生きる喜びの確認にもつながる深い情感が込みあげる、この感性が、睡眠中の呼吸を意識する習慣を、そして「寝息」という言葉を生んだのだと思います。

こんなふうに「寝息」について思いを巡らせると、頭に浮かぶ詩があります。それは、三好達治の『雪』。たった二行の詩なのに、静かで、安らかで、温かな世界を見事に表現していると評される作品です。

『雪』
太郎を眠らせ、太郎の屋根に雪ふりつむ。
次郎を眠らせ、次郎の屋根に雪ふりつむ。

もちろん、浮かびあがる風景の美しさという点でこの傑作にかなうはずがありませんが、「寝息」という語が醸すイメージは、まさにこの世界。そう考えると、「寝息」は名もなき先祖たちが遺した、たった一語の詩のように思えます。

静《しず》か

私たちは子どものころ、親や先生に「静かにしなさい」と注意されて黙る、ということを数えきれないほど繰り返します。教室の戸の横には「開閉は静かに」という張り紙があって、バタンと音をたてると叱られます。誰しもそんな経験を重ねておとなになったので、たとえば外国の人に「静かってどういう意味?」と聞かれたら、「音がしないこと」と答えてしまいそうです。

でも、先人たちは、そうじゃないんだよ、と教えてくれています。たとえば、松尾芭蕉は山形の立石寺《りっしゃくじ》で「閑《しずか》さや岩にしみ入《いる》蝉の声」と詠みました。蝉は盛んに鳴いているけれど「しずか」なのです。童謡の『静かな湖畔』も「もう起きちゃいかがとカッコウが鳴く」と歌います。その鳴き声も含めて「静かな湖畔」です。

では、どんなときに「静かでなくなる」のか。浮かぶのは、観光客の団体が立石寺を訪れて賑やかにしゃべっている様子や、趣味でモーターボートを楽しむ人々が湖畔一帯にその音を轟かせている場面です。つまり、注意を向けるべき、あるいは向けざるをえない何らかの現象が起きたとき、私たちは「静かでない」と感じるのです。

逆に言えば、どれほど音がしていても、どこにも注意を向けなくていい状況ならば、そこは「静か」だと言えます。つまり「静か」とは、物理ではなく、心理の言葉。ある状況が静かか、そうでないかを決めるのは、一人一人の心です。

そして、外に注意を向けないとき、私たちは自らを見つめます。多くの場合、過去にしてきたことを省み、未来に思いを馳せます。それは、ときに楽しく、誇らしく、ときに悲しく、苦しい時間ですが、いずれにせよ、心という不思議な器官を持つ人間ならではの、時の過ごし方です。

だから、私たちは「静か」という言葉の奥に「心」を感じます。静かな夜、静かな海、静かな雨。どれも情緒のある言葉ですが、それは「静か」という語を含むこれらの言葉が、実は「心」についての表現になっているからです。

コラム 挨拶の言葉①

「いただきます」と「ごちそうさま」

「馳走《ちそう》」とは駆け回ること

食事の始まりと終わりの挨拶、「いただきます」と「ごちそうさま」は、昔の人の姿が目に浮かぶ語源を持つ言葉です。

「いただきます」の「いただく」は「食べる」の謙譲語ですが、もともとは「物を頭上に上げる」という意味です。最近、この意味で使われるのは、もっぱら「雪をいただく山」といった比喩的な表現ですが、本来は人が物を差し上げる動きを指す言葉。

そして、昔は高貴な人や目上の人から物をもらった際、それを両手で高く差し上げてお辞儀をすることで感謝と畏敬の念を表す、ということが広くおこなわれていたため、目上の人から物をもらうこと自体も「いただく」と言うようになりました。だから「いただきます」は、単に「食べます」を敬語にしただけでなく、「感謝の心とともに食べる」というニュアンスを帯びた言葉です。

「ごちそうさま」の「ちそう」は「馳走」と書きます。駆け回ることを表す言葉で、そこから、客のために駆け回って料理を用意すること、またそうやって用意した料理を「ご馳走」と呼ぶようになりました。いまは意味が広がって「ぜいたくな料理」を指しますが、「お疲れさま」「ご苦労さま」と同様、相手の状況を察していることを表す「さま」のついた「ごちそうさま」は、もとの意味に立ち返って「食事を用意してくれたこと」への感謝の言葉と言えます。

自然と湧き出ていた感謝

このように「いただきます」と「ごちそうさま」は、食事の開始と終了を告げるための単なる合図ではなく、食べ物を口にできることについての感謝の表明です。日本人が世界に誇っていい習慣だと思います。

ただ、特に「いただきます」については誰への感謝を込めて言われるようになったのかが明確でないこともあり、「感謝の対象」は、いまも人によってまちまちです。

料理を作ってくれた人、米を生産してくれた人、神様や仏様……。食材となってくれた生きものを挙げる人もいます。だから確たる信仰や思想の表れとして論じることはできません。が、この状況はこうした感謝が上からの指導によらないことの証でもあり、だからこそ素晴らしいとも思うのです。

心配なのは、「誰への感謝か」という点で自信が持てないお父さんやお母さんが、子どもに「感謝の言葉だよ」と教えるのをためらうことです。できることなら、この美しい挨拶の習慣は子孫へ引き継いでいきたいもの。だから、たとえ自信がなくても、思うところを伝えてほしいと思います。その感謝の対象が誰であれ、きっと子どもの心に響く、大切な話になるはずです。

二章

ご先祖さまが感じたこと

私たちの命は親から授かったもので、親の命はその親から授かったもの。
この命の糸はどこまでも続き、無数の「ご先祖さま」につながっています。
が、頭でそう思っても親近感は生まれません。
どんなことを、どう感じて生きていた人たちなのか、
まったくわからないから……。
それを教えてくれるのが言葉です。
古くから使われている言葉の語源を知ることは、
はるかな昔を生きた人々の感性と出会うこと。
日本語がつなぐ、時を超えた触れ合いです。

暮《く》らし

「暮らし」と「生活」。この二つの言葉は、ほぼ同じ意味で使われますが、心を惹かれるのは「暮らし」です。「生活」と比べて、どことなく大らかで、穏やかで、温かみがあり、そのいっぽうで、かいがいしく働く人の息づかいも感じられるからです。この豊かなイメージはいったいどこから来ているのか。語源をたどってみましょう。

「暮らし」は「暮らす」という動詞から生まれた名詞。そこで「暮らす」について調べると、「くら」は「暗くなる」「日が暮れる」という意味で、「す」は行為を表す、とあります。つまり「暮らす」とは「日が暮れるまで時を過ごす」こと。そこから「月日を送る」「生活する」という意味が生まれた、というわけです。

　日が暮れるまで時を過ごす。それが「暮らす」ことだと言われれば、確かにその通りですが、私はなんとなく突き放された気分になりました。この説明で心に浮かぶのは、何もすることのない人がぼんやり一日を過ごしている姿であり、「暮らし」という語が醸す豊かなイメージと比べて、あまりにも寂しい情景だからです。正直に言うと「こんな語源、早く忘れたい」と思ったこともあります。

でも、それは間違いでした。私が突き放された気分になったのは、「日が暮れるまで時を過ごす」という文を、現代の「時」の感覚に基づいて読んでしまったから。別の言い方をすれば、私たちにとっての「時」が、昔の人々にとっての「時」と違ったものになっているから、なのです。

この違いを知る一番の方法は、野や山や海辺へ行き、丸一日、時計を見ずに過ごすことです。実は、私も運動不足の解消のために里山を散策するようになって、この違いに気づきました。長時間、時計を見ず、自然の中に身を置いていると、「時」とは自然の変化であり、その自然の中には自分自身も含まれる、という感覚が生まれるのです。

たとえば、ハイキングの一日を思ってみてください。朝日がまぶしいころは、みずみずしい花や明るい鳥の声に心が躍りますが、自分の体の動きはまだ少し固い感じ。日が高くなるにつれて、手足がなめらかに動き、歩く楽しさが生まれます。が、やがて疲労感が増し、次第に背中が丸まって、路傍の花がしぼむころには、足をとめ、赤く染まった空を見ながら息を整える回数が増える……。たいていはそんなふうに一日が過ぎます。

こうした一日を、時計を見ずに過ごすと、いま述べたようなさまざまな変化それ自体が「時」になるのです。ゆったりと動く太陽と、その下で生きるすべての生きものと、その一員である自分の心身の状態が一体となって変化すること。それが「時」なのです。

昔の人々は時計を持たないので、いつもこうした「時」を感じていたはず。それは、私たち現代人がデジタル時計を見て知る「数字の並び」と違って、暖かい日の光の印象を伴う「時」、自分という存在が豊かな自然と一体であることを教えてくれる「時」です。

だから、「日が暮れるまで時を過ごす」という辞書の説明は「ぼんやり一日を送る」ことではありません。この文からそのような情景を想起してしまうのは、私たちが自分の生命活動を時の流れや太陽の動きと切り離してイメージしているから。自分の体が太陽やほかの生きものとともに「時」を刻んでいる、と感じていた昔の人にとっては、「日が暮れるまで時を過ごす」ことは、「自然の一員として今日の命を生きる」ことにほかなりません。

もちろん、「暮らす」という語が生まれたのは文字のない太古の昔ですから、この想像が正しいかどうかを確認するすべはありません。でも、そうした大きなイメージを含み持つ言葉として生まれたと考えれば、「日が暮れるまで時を過ごす」という狭い意味から、現在の「月日を送る」「生活する」という広い意味に変わるのは自然だし、そこから生まれた「暮らし」という言葉の豊かな趣《おもむき》にも納得がいきます。

日暮れは毎日やってきます。仕事や家事で忙しい時間帯でしょうが、沈む夕日をゆっくり見る機会があったら、ぜひ「暮らし」を感じてみてください。

住《す》む

「住む」と「暮らす」はよく似た言葉ですが、「宿を変えながら暮らす」とは言えても、「宿を変えながら住む」とは言えません。それは、「住む」の中に「一つの場所に落ち着く」ニュアンスが含まれるからです。

　遊牧民や巡礼の人々などを除けば、人間にとって「一つの場所に落ち着く」ことは心が安らぐこと。「明日の居所はどうしよう」という不安を覚えずにすむのですから。だから「住む」という語は、ほのかな安らぎをまとっています。

　と、ここまでは、比較的わかりやすい話。でも、ここから話は思わぬ展開を見せます。語源辞典によると、「住む」の語源は「澄む」です。建物の中で寝起きをすると人の心が安定し、澄んだ状態になることから現在の「住む」という言葉が生まれた、というのです。

「本当かなあ」という感じですよね。私も、しばらくは納得できない気分でした。それが変わったのは、ある男性の言葉を思い出したからです。それは、テレビのドキュメンタリー番組が取材した、元ホームレスの男性のこんな言葉でした。「路上では、本当にぐっすりは眠れません。眠っていても神経はあらゆる音を聞いているから。簡易宿泊所の寝床ならどんなに騒音があってもよく眠れるのですが」。

路上では眠っていても頭の中でさまざまな音が聞こえている、というのは想像に難くありません。そんな睡眠のつらさを思ったとき、その頭の中の様子と、川の水が淀みなどのせいで濁っている様子が重なりました。また宿泊所でぐっすり眠るときの頭の様子と、澄んだ水の様子が。それで、すべてがつながったのです。安心して休むことができて頭の中が「澄む」状態になることが「住む」。それは多くの人にとって屋根と壁のある空間を得ることで実現されるもので、それが手に入れば、たいていは、しばらくそこに落ち着くことになる。だから「住む」という語には「落ち着く」ニュアンスがあるのだ、と。

それ以来、私の心の中では、屋内で暮らせる幸せと安眠の喜びが結びついています。私の住む家は築四十年を過ぎ、しょっちゅう雨漏りの修理をしています。でも、私は毎晩ぐっすり眠っている。それは毎夜、この屋根と壁が私の頭を澄む状態にしてくれるから。そう思うと家への不満は消え、愛おしさが増します。

すぐ

「すぐ帰る」と言って家を出た子が三十分たっても帰らないので、親は不安でいっぱい。でも、そこへ戻った子は平気な顔で「ちょっと寄り道してた」と言い、さんざん叱られる。多くの家で繰り広げられる光景です。原因の一つは、子どもが三十分を「すぐ」の範囲内だと思っているのに、親はそうでないこと。「すぐ」とは本来どれくらいなのでしょう。

辞書を引くと、思いがけないことが出ています。「すぐ」の一つめの意味として「直線的であること」と記されているのです。そして二行め以降に、そこから「即刻」という第二の意味が生まれた、とあります。これには驚きました。でも、「真正面」「真っ白」などの「真」、つまり「本当の」という意味の「真」をつけると「まっすぐ」になるわけで、「すぐ」とは直線的という意味なのです。要するに、時間の長さの問題ではなく、寄り道をせず直線上を動く、ということが本義であるわけです。

思えば、一般の人々が「短い時間」を計れるようになったのは、機械式の時計が量産されるようになってからなので、人類の歴史に照らせばごく最近のこと。たとえば日本の場合、明治の文明開化までは、誰も「秒」や「分」という単位を知りませんでした。庶民にとっての時間の最小単位は「小半時《こはんとき》」、約三十分です。

では、そんな状況で何をもって生活の中の「短い時間」を感じ、計る基準とするか、といえば、それは人の動き。「○○へ行ってくる。すぐ帰る」と告げることは、「○○まで寄り道せずに行って帰る」という「時間についての情報」も伝えていました。そして聞くほうも、まっすぐ行ってまっすぐ帰る、という「人の動き」に見合う時間から逸脱していなければ、多少長かろうが短かろうが細かく言うことはありません。というより、どちらもそれ以外に言いようがない。いまから見れば、正確さには欠けるものの、時計に支配されず、人の心が時間をゆったりととらえていた、いい時代ではありませんか。

「すぐ」は、本来そういう言葉です。私たちは絶対的な時間に基づいて物事を考える癖がついているので、「すぐ」は何分までか、などと考えがちですが、本当は「人の動き」が基準の言葉。だから、子どもたちよ、いや、おとなの場合も、「すぐ帰る」と言ったら、まっすぐ帰らなければいけません。

雨宿り《あまやど》

買い物をしようと街を歩いていたら突然の雨。とりあえず近くの建物の軒下に駆け込んだけれど、すぐにやむ気配はない。そんなとき、あなたの心にはどんな言葉が湧いていますか。

「ついてないなあ」「天気予報では晴れるって言ったのに」といった恨み言を繰り返しても、表情が険しくなるだけ。通りを行き来する人々にそんな顔を見られるより、少しでも心がなごむ言葉を思い浮かべましょう。それは「雨宿り」という言葉です。はっきりと声に出さなくてもいいから、口の中で「では、ここで雨宿り」と言ってみてください。ちょっと気分が変わるはずです。

「雨宿り」の「宿り」とは、旅先での宿泊のことです。最近は使われませんが、江戸時代の人々を描く時代劇や落語の中では「今宵の宿りを乞う」といった形で出てくる言葉。だから「宿り」という語を口にした途端に、私たちの心は知らず知らず古《いにしえ》の日々へ誘《いざな》われます。

時代劇の『水戸黄門』には、主人公たちが宿場の旅籠《はたご》に泊まって雨が

やむのを待つ、という場面がよくあります。列車も車もない時代の旅はのんびりしたもので、雨が降ると、濡れて体調を崩したり泥道で転んだりするのを避けるため、最寄りの宿場で宿をとって休む旅人がけっこういたのです。ときには何日もそこで過ごすことになります。随分のんきな話ですが、旅人たちはそこで出会った相手と、目的地や街道、またそれぞれが暮らす地域についての情報を交換し、そうした交流も旅の楽しみの一つでした。知らない者どうしが友情を育み、ときには恋も芽生えたでしょう。電話もメールもなく、誰にもせかされないそうした旅を思うと、いくばくかの羨望を覚えます。

　ビルの軒下でにわか雨をやり過ごすのはせいぜい数十分ですが、その名は「雨宿り」。だから、この言葉を意識してその風情に身を委ねれば、私たちはこうした古き良き時代の空気を感じることができます。そして、同じ軒下にたたずむ人がいるときは、ふだんなら見知らぬ人には感じない親しみも湧くのです。

瞳《ひとみ》

日本人は「瞳」という言葉が好きです。昔から、女性の名前にも用いられていますし、ポップスの歌詞や目薬のコマーシャルなどでは、「目」と言えばすむところでも「瞳」と言い換えて聞く人の心をとらえます。

私は長い間、雅《みやび》な言葉だから、と思っていました。日本語には、特別に詩的で優美と考えられている言葉があり、たとえば和歌を作る際には、庶民的な「ずっと我慢する」という表現は使わずに、雅な言葉を用いた「とわに忍ぶ」にする、といったことがおこなわれてきたからです。

でも、ふと気づきました。「瞳」は古い言葉なのに、和歌の中でほとんど使われていないことに。つまり伝統的には、庶民的な言葉と見なされていた可能性が大です。なのに、私たちはこの言葉に魅力を感じている。なぜでしょう。

おそらく、その答えは「瞳」の語源である「人見」にあります。人を見る部分だから「ひとみ」なのです。初めてこれを知ったときは、「人以外のものも見るじゃないか」と辞典にツッコミましたが、でも、じっくり考えたら、なるほど、という気になりました。

私たち現代人は、良質な鏡のおかげで自分の瞳孔を観察できるし、写真などでも多くの瞳孔を見ていますが、昔の人にそんな機会はありません。だから、瞳孔をしっかり見るチャンスは、赤ん坊や愛する人と至近距離で見つめ合うときだけだったでしょう。それが唯一、人間の目の中央にある小さい黒い円を意識するときです。そのとき、その黒い円は何のてらいも疑いもなくまっすぐに自分を見てくれているのです。だから昔の人々は、心が通じ合っている喜びを感じながら、その小さい黒い円を「人見」と呼んだ……。

何の証拠もありませんが、それほど大きくは外れていないと思います。なぜなら、「瞳」の用例の多くは「つぶらな瞳」の愛らしさや、「君の瞳」にひかれる恋心に関するものだからです。

「瞳」は単なる瞳孔ではなく、「純粋な心の交流」の存在を感じさせる言葉。そのニュアンスは長く受け継がれ、私たちの心にも染み込んでいるのです。

いらいら

雨は「ざあざあ」降り、人は「てくてく」歩きます。そんなふうに、私たちが日ごろ使っている単語の中には、自然現象や人の言動、心理などの状態を「同じ音を繰り返す」形で表すものがたくさんあり、あなたも毎日のように口にしているはずです。でも、こうした言葉に二つのタイプがある、ということは意識していないのでは？　ここでは心の様子を表す言葉を例に、その違いをご紹介しましょう。

一つは、「そわそわ」「くよくよ」「はらはら」「もじもじ」のような言葉。これらは心の状態を言葉の響きで象徴的に表現するもので、擬態語と呼ばれます。また、心臓の鼓動の音を表す「どきどき」のような言葉は擬声語と呼ばれ、近年はこの二つを合わせた「オノマトペ」という用語もよく使われます。もちろん、気分が「すっきり」、心が「ほろり」など、繰り返さない形のオノマトペもあるのですが、思いつくままに挙げていけば、おそらく七、八割が繰り返し型で埋まるはず。「同じ発音を繰り返す」言葉はオノマトペ界の一大勢力と言えます。

でも、「同じ発音を繰り返す」言葉の中には、一見オノマトペのようで、そうでないものがけっこうあるのです。それが第二のタイプ。たとえば、「せかせか」「うきうき」「しみじみ」という語の「せか」「うき」「しみ」は、それぞれ「急《せ》く」「浮く」「沁《し》む」という動詞の活用形です。つまり、これらは明確な意味を持つ単語を繰り返すことで、その意味に関係する状態を表す副詞となったもの。いわば「ふつうの単語の反復によるオノマトペ風の副詞」です。「しぶしぶ」「しおしお」などもその仲間で、それぞれ「渋る」「しおれる」から生まれた言葉。そしてちょっと意外なのが「いらいら」で、この言葉も、実はこちらのタイプです。

「いら」とは何でしょう。植物がお好きならば「イラクサ」を思い出してピンと来るかもしれません。その茎にも葉にも小さなとげがいっぱい。そう、「いら」とはとげのことです。魚の体表にあるとげ状の突起や、金平糖の角も「いら」です。

　昔の人々は、怒ったり焦ったりしている人の心にもとげがある、というイメージを持ち、そうした状態になることを「いら立つ」、もしくは「いらつ」と言いました。だから、もうお察しですね。「いらいら」とは、心にたくさんのとげができている様子を表す言葉です。なんとかわかりやすく、おもしろい表現でしょう。

ただ、「いらいら」という語は、その音の響きにも落ち着きのなさを感じさせる要素があるので、とげをイメージしなくても、意味を十分に伝えてくれます。それもあって、もともとの意味が忘れ去られたのかもしれません。が、この語源は覚えておくに値するもの。私はこれを知ってから、いらいらするたびに「とげとげのハート」を思い描くようになり、以前より早く「これはよくない」と心を切り替える習慣ができたように思います。

りりしい

「りりしい」という言葉を聞くたびに感じるのは、まず「リ・リ・シ・イ」という四つの音の連なりが生み出す響きの良さ。さらに、その響きが生むイメージと放たれる意味がぴったり一致していることの心地よさです。でも、この一致は昔からあったものではありません。現在の意味の「りりしい」は、なんと千年以上の歳月を要してできあがったのです。

太古の時代を生きた私たちの先祖たちは、ラ、リ、ル、レ、ロという音から発声し始めることを苦手としていました。その証拠に、日本で生まれた、いわゆる大和言葉の中には、ラ行の音から始まる単語が一つもありません。「からだ」「たいら」のように、二音め以後なら問題ないのですが、出だしでは発音できなかったのです。だから国語辞典のラ行の部にあるのは、すべて漢語か外来語です。

四世紀以降、大陸から漢字が伝わり、ほかの漢語とともに「来迎」「律令」といったラ行の音から始まる言葉が広まったことで、日本人の口はようやくそうした発音を習得しました。そんな漢語の一つが「凛《りん》」で、二つ並べて意味を強調する「凛凛《りんりん》」という語も伝わりました。「りりしい」は、この「凛凛」から生まれた形容詞だと考えられています。

でも、その意味は揺れ続けるのです。そもそも、「凛」や「凛凛」の本来の意味は「身が引き締まるほど寒い」こと。ただ、そのような寒さと同じように人の心を引き締める、神仏などの「厳かさ」を表す言葉としても使われていました。ところが、鎌倉時代の辞書の「りりし」の項には「とても賢いこと」とあります。当時の人々は、漢語ならではの響きを持つ「凛凛」という語に「知的なかっこよさ」を強く感じていたはず。「りりしい」の「賢い」という意味は、本来の意味とこの印象が合わさって生まれたのでしょう。

その後も意味は変わりつづけます。江戸時代初期の辞書に見えるのは「活気があってきびきびしている」という説明。いま私たちが思っている「表情や肉体が引き締まっていて、勇ましく頼もしい」という語義が定まったのは、どうやら明治以降のようです。

この変化はどのように起きたのか。影響を与えたと思われるのは「きりり」という言葉です。「きりり」は、弓を引き絞ったり、鉢巻きを固く巻いたり、つまり、力を込めた動作によって道具や人体にエネルギーが蓄えられたと感じられるときに用いられる言葉。そうした状況を「さりり」と表現してきた先人たちは、「りり」という音が共通する「りりしい」という形容詞にもその印象を投影し、その結果生まれたのが、現在の「りりしい」であると考えられます。新聞などで「りりしい」の用例を探すと、「りりしい若武者に扮した少年」「御輿《みこし》を担ぐりりしい女性」など、祭に関するものが多く、記事に書かれていなくても弓や鉢巻きが目に浮かびます。

現在、私たちが使っている「りりしい」という言葉は、こんな歴史を経てできあがりました。だから、そこに含まれるイメージはとても豊か。まず浮かぶのは、引き締まった表情や肉体からにじみ出る気力やエネルギーですが、それに加えて、厳かさや知性の香りもうっすらと漂います。そして、音の響きの印象と意味がぴったり一致する、その気持ちよさといったら……。言葉の歴史を思えば一致は当然なのですが、そうだとわかっていても嬉しくなります。

りりしい人に出会う機会はそう多くないかもしれません。でも、もし出会えたら、その姿をほれぼれと見たあと、「りりしい」という言葉を使える喜びもたっぷり味わってください。

はぐくむ

「はぐくむ」は「育む」と書くのがふつうなので、その意味は「育てる」と同じで、やや古風な言い方、というとらえ方をしている人が多いと思います。それで十分正解なのですが、「はぐくむ」という言葉にはもっと深い味わいが……。それは「絵画的な単語」だということです。

「はぐくむ」は、「は」と「くくむ」から成る言葉で、「は」は鳥の羽、「くくむ」は「くるむ」や「つつむ」とほぼ同じ意味の動詞です。「くくむ」は古い言葉ですが、これが変化した「くぐもる」は、いまでも「くぐもった声」といった形で使われます。布にくるまれているようで聞き取りにくい声、という意味です。

つまり、「はぐくむ」は「羽でくるむ」こと。親鳥が自分の羽でひなをくるむ様子を指す言葉で、そこから「大事に守り育てる」という意味が生まれたのです。どんな生きものでも、親が子を守る姿は感動的ですが、親鳥が羽で子をくるむ情景はいかにも愛情がにじみ出る図であり、それを「はぐくむ」という一語で表現した先人のセンスには感服です。

親鳥にはぐくまれて成長したひなは、やがて巣立ちのときを迎え、大空へとはばたくわけですが、この「はばたく」は「羽」が「はたく」ということ。私たちが手のひらで人やものを「はたく」ように、鳥が羽で空気をはたく動作を言う言葉です。そして、立派に独り立ちした鳥が、大きく堂々とはばたいて空を舞う、その「羽の振り方」が「はぶり」。財力や地位を得て思いのままにふるまう、という意味の「はぶりがいい」という言葉はここから生まれたわけです。

こんなふうに見てくると、昔の人々にとって鳥がいかに身近な存在だったかがよくわかります。日々、鳥を観察してさまざまなことを語っていた人々は、鳥に関する多くの言葉を共有し、その一部が人についても使う言葉として定着したのでしょう。現代の新語、流行語といえば、その出所の多くは芸人のギャグやニュースの言葉。果たしてこの先、自然との触れ合いから生まれる言葉が世の中に広まることはあるでしょうか。

身《み》

太古の昔、日本列島で暮らしていた私たちの先祖は、すべてのものに霊魂があると考える「万物有魂《ばんぶつゆうこん》」の信仰を持っていたと言われます。教師である知人によると、この話に興味を示すのは留学生だけで、日本の生徒は反応が薄いとのこと。「日本の子は、山を拝んだり人形を供養したりすることに慣れているから、ああ、あれね、ですませてしまうんです」と彼は嘆きます。

私もそうでした。山岳信仰を思って「万物有魂」を理解したつもりになっていました。「ちょっと違うぞ」と思ったのは四十を過ぎてからで、それを教えてくれたのが「身」です。国語学の本を読んでいて、「身」と「実」はもともと同じ言葉、という記述に出会ったのです。

きょとんとしましたが、考えてみると、身と実には、栄養分などの大切な成分が詰まっている、皮がある、という共通点があります。つまり、私たちの先祖は「栄養分などが皮に包まれているもの」に「み」という名をつけ、その際、人、動物、植物を分けて考えなかったのです。なぜ分けないかといえば、すべてに霊魂があるからでしょう。それに気づいたとき、初めて「万物有魂」の世界が見えてきました。

すべてのものに霊魂がある、ということは、人間の霊性が特権を持たない、ということ。すべてのものと横並びで生きていく、ということです。言ってみれば、いつどこにいても「上から目線」が許されない世界。たとえば、私たちは神殿や墓所などの霊域に入ると厳粛な気持ちになりますが、先祖たちは行く先々でそうだったのかもしれません。あるいは、いまはごく少数の霊能者だけがおこなえる、ほかの霊魂との対話をみんながおこなっていたのかも……。どちらにしても、彼らは生きていくために、狩猟や採集という形でそんな相手の命をもらっていたわけで、その際に祈りを欠かさなかった、というのもうなずけます。

私たち現代人の山岳信仰や人形供養は、あくまで自分たちが神々しさや愛着を感じるものを選んで拝んでいるのであり、世の中のほとんどを占める「選んでいないもの」の扱いは好き放題です。

そんな子孫の目には、選ぶということをせず、万物に霊魂を感じた先祖たちの純粋さはなんともまぶしい。人の身体でも植物の果実でもある「み」という言葉は、その心をいまに伝えてくれる貴重な遺産です。

里芋《さといも》

「芋」と聞いて、心に浮かぶのはどんな芋ですか。

私は、一番が「さつまいも」で次が「じゃがいも」。ためしに数人の友人に聞くと、順序は変わっても必ずこの二つの名が出ました。この二種類の芋は、ご飯のおかずだけでなく、焼き芋や菓子などさまざまな形で私たちの舌とおなかを満足させてくれるからでしょう。現代の日本では、この二つが芋の世界における東西の横綱と言えそうです。

でも、大昔からそうだったわけではありません。どちらも舶来の芋だからです。さつまいもは江戸時代に、薩摩（現在の鹿児島県）を経由して日本中に広まったから「薩摩いも」。じゃがいもは安土桃山時代にインドネシアのジャカルタ、当時の名でいうと「ジャガタラ」から伝わったためにこの名がついたと言われています。

それより前の日本人にとっての「芋」は何だったのか。研究者によると、里芋は遅くとも奈良時代には栽培が始まり、山芋はもっと昔から食べられていたそうです。つまり、古代の人々にとって、芋とは山芋か里芋。となると、その名の意味がくっきり浮かびます。「山の芋」と「里の芋」です。「山」と「里」はもともと「未開発の地域」と「人が開発し生活している地域」を意味する対義語ですから、「山芋」と「里芋」も、いわば対義語なのです。

大昔、日本人は山芋を「うも」と呼んでいました。人々は山に分け入り、自然に生える「うも」を見つけてはこれを引き抜き、里に持ち帰って食べていました。奈良時代になると、里の畑で栽培できる新たな品種が広まったので、人々はこれを「家のそばでできる芋」という意味の「いえつうも」という名で呼び、これが平安時代には「いえのいも」、室町時代には「里芋」と呼ばれるようになります。そして、里の芋と区別するために、山で採る芋は「山芋」になったのです。

そうとわかって「里芋」という言葉を眺めると、「芋は芋でも、里で育てることのできる芋だぞ」という先祖たちの嬉しげな声が聞こえてくる気がします。そして、さつまいもやじゃがいもよりもずっと小さくて丸いその形状も、先祖たちのつつましい幸せを表現しているように思えるのです。

さむい

冬、仕事や用事で外出したけれど、寒くてたまらない、というとき、どうしていますか。実は、私には元気が出るおまじないの言葉があります。誰にでも有効、と言い切る自信はありませんが、「さむい」という言葉の興味深い語源から生まれた一言なので、紹介させてください。

「さむい」は形容詞。そして日本語の形容詞には、同じ語源から生まれた、いわば兄弟の動詞を持つ言葉が少なくありません。たとえば「眠い」の場合は「眠る」。「荒い」の場合は「荒れる」。これらは同じ漢字が使われるので、見るからに兄弟ですね。漢字は違いますが「臭《くさ》い」と「腐る」、「暗い」と「暮れる」なども兄弟です。では「さむい」の兄弟は誰でしょう。関連する意味を持ち、発音が似た動詞といえば、そう、「さめる」です。「温度の低い状態になる」という意味の「さむ」という古い言葉から、形容詞の「さむい」と動詞の「さめる」が生まれたのです。

この兄弟のつながりを私たちはあまり意識していません。それはおそらく、私たちが「さむい」という語を使うとき、そこに含まれる「不快」

のニュアンスを表現することに力点を置いているからでしょう。だから「さむい」は感情表現に近い言葉として意識され、温度変化という物理的現象を叙述する「さめる」とは無関係に思えてしまうのです。

逆に言えば、この兄弟の言葉を作った大昔の人々は、身体の感覚と感情をきちんと分け、ぶるぶる震えるときのあの感覚は温度変化が生む生理現象だと見抜いていた、ということ。その洞察力には脱帽です。厚い壁の家やエアコンを持たない彼らは、だからこそ自然現象と人間の身体の関係を私たちよりずっと丁寧に観察していたのかもしれません。

さて、おまじないの話です。私は若いころ、都心で終電を逃すと3時間以上かけて徒歩で家に帰っていました。夏はどうということもないのですが、冬はかなりの試練で、つい「さむい」という独り言が漏れます。そんなときは、身体の温度変化を映すサーモグラフィの画像を思い浮かべながら「さめてたまるか」とすぐに言い足しました。すると、攻めの気持ちが生まれます。丸まっていた背中がぐんと伸び、足の運びが大股になり、手足の血行が良くなります。そして、夜更けの徒歩で風邪を引くことは一度もなかったのです。

日《ひ》なた

日本語には「なた」という接尾語があります。

突然「なた」と言われても困惑なさるでしょうが、たとえば「かなた」。漢字で書くなら「彼方」で、「か」は「遠く」、「なた」は「方向」という意味です。同じ「なた」の前に「そ」がつくと「そなた」、「あ」がつくと「あなた」、「ど」がつくと「どなた」。私たちにとってはどれも人についての代名詞ですが、もともとは「そちらのほう」「あちらのほう」「どちらのほう」という意味で、時代が下るとともに、人を指す代名詞に変化したと言われています。

時代劇を見ていると、自分自身や近くにいる人、つまり「こちらにいる人」を指す「こなた」という言葉もときおり耳にしますね。そんなふうに「なた」という語は、私たちが情報をやりとりする際の最も基本的な要素である「方向」や「人間」を指す代名詞を作る、重要な接尾語です。

ところが、方向でも人間でもないのに、この「なた」をお尻にくっつけている言葉が一つ。それが「日なた」です。「日のあるほう」だから「日

なた」。理屈はその通りですが、「かなた」や「どなた」のような代名詞とはまったく性質の異なる、具体的な状況についての言葉です。こんな単語はほかにありません。

なぜ、「日」だけにこんな特別待遇が与えられたのでしょう。考えられるのは、私たちの先祖が「日の当たる場所」に対して特別な思いを持っていた、ということです。

電燈も暖房器具もなかった時代の「日なた」は、私たちが思う以上に幸せな場所、天の恵みを感じる場所だったのでしょう。「そなた、あなた、どなた、日なた」と続けて言ってみると、あえて言葉作りの慣例を無視して「日なた」という言葉を作った先祖の思い入れが伝わり、日なたがとても愛おしくなります。

声《こえ》

外国の人に指摘されて、初めて日本語のおもしろさに気づく、という経験は何度もありますが、特に忘れられないのは「声」という言葉を巡って学生時代に英国人の友人と交わした議論です。彼いわく「セミの『声』という言葉は奇異に感じる。なぜ、あの騒々しい音と、人が会話に用いる音が同じ単語なのか」。英語では、虫の発する音は「ｃｈｉｒｐ（チャープ）」、ときには「ｎｏｉｓｅ（ノイズ）」とも呼ばれ、人間の声を言う「ｖｏｉｃｅ（ボイス）」とは明確に区別されるそうです。

言い負かされるのは癪なので「いや、あれは声だ。『往信、着く着く』などと話すのだから」と言うと、怪訝《けげん》な顔。そこで解説しました。日本人は生きものの鳴き声を聞き分けて異なる擬声語で表すのが好きで、セミの声だけでも、ミンミン、ニイニイ、カナカナなど数種類があること。また、そうした擬声語の中には明確な意味を持つ言葉もあり、鳥ではウグイスの「法、法華経」、ホトトギスの「てっぺんかけたか」が有名。同様にセミでは「往信、着く着く」と鳴く種類がいる、と言うと、友人は「ファンタジーの国だ」と大笑い。ちなみに「往信、着く着く」は、子どものころ祖父に教わったツクツクボウシの鳴き声の覚え方です。

この議論以来、私は、人、鳥獣、虫が共有する「声」の世界について思いを巡らすようになりました。そして、英語圏の人がファンタジーと感じる世界ができた理由について、いまはこんなふうに思っています。

昔の人々も、セミやウグイスが「往信」や「法華経」について伝えている、と本気で思っていたわけではありません。でも、こうした聞き分けが生まれたのは、人々が「何を言っているんだろう」と耳を澄ましていたからで、それはとりもなおさず、彼らが鳥獣や虫の心を意識していた、ということ。心を伝える音なら「声」と呼ぶのは当たりまえです。つまり、人、鳥獣、虫を問わず使われる「声」という語は、「心の存在」も人、鳥獣、虫を問わない、という世界観をいまに伝えているのです。

現代人の私たちは、身近にいる鳥や虫への関心が薄れてしまっていますが、鳥の声、虫の声という言葉は受け継いでいるので、意識さえすれば、その心を思うことができます。ときには、公園や路傍でその声に耳を傾け、心を思う、豊かな時間を過ごしてみませんか。ファンタジーの国に生まれた者の特権ですから、おこなわない手はありません。

道《みち》

「道」とは、あなたにとってどんなものですか。

答えはもちろん人それぞれですが、大きく分けると、まず「目的地に至るコース」としての道を思う人と、「分岐点のたびに選ぶもの」という側面に目がいく人がいます。いわば、この二つが「道」の二大イメージ。そして二つとも、人生や仕事などについて語る際に、比喩として使われます。私もそうした比喩をどれほど用いてきたか数えきれません。でも、最近、私の中で大きく膨らんでいる「道」像は、これらとはまったく違うもの。いままで思ってもみなかった第三のイメージです。

大きな辞書で「道」を引くと、意外な説明が記されています。「もともとは『ち』のみで道という意味」。そして「家路《いえじ》」「山路《やまじ》」といった言葉が証拠として挙げられています。これらの単語は、道を意味する「ち」と「家」「山」という語が合わさったもの、というのです。では、「みち」の「み」は何かというと「敬意を表す接頭語」です。すなわち、尊い人や神仏の心を「みこころ」、その象徴である旗を「みはた」と呼ぶように、

「ち」に「み」をつけて「みち」。つまり、大昔の人々にとって、自分たちが歩く筋状の土地は「ち」だったけれど、敬意を払って「みち」と呼んでいた、というのです。

道への敬意とはどんなものでしょう。それを理解するには、大陸から文明が伝わる前の人々の暮らしを想像することが必要です。私たちにとっての「道」は、硬い路面からなる半永久的な施設ですが、大昔はまったく違いました。野や山を見渡し、危険な箇所に近寄ることなく目的地に到達するコースを見いだして、地を踏み固めて「道」にしたつもりでも、しばらくすると、風雨や植物の成長、鳥獣の活動などのせいで景色が変わって消えてしまう、ということが頻繁に起きていました。だから、大切な場所へ通じる道が無事に完成、維持されることは大きな喜びなのです。

また忘れてならないのが、そうしたすべての道は「命をつなぐ補給路」だったこと。だから、たとえば大雨のあとでも道が保たれているのを見たときは、現代で言えば、災害で孤立した集落と町を結ぶ道が復旧したときのような感激を覚えたことでしょう。そして当時の人々は「万物有魂」を信じていたので、それを山や野の神々、精霊のおかげと考え、感謝したことは想像に難くありません。

そんなふうに考えると、収穫を授かる山と自分の家を結ぶコースや、きれいな水を汲める川と自分の家を結ぶコース、あるいは、大切な仲間の家と自分の家を結ぶコースのことを口に出すとき、「ち」という呼び捨ての言い方をせず、必ず敬称を冠して「みち」と呼んでいた、その気持ちがわかります。私たちも大事な人や神仏との「縁」を話題にするときは、必ず「ご」をつけて「ありがたいご縁」「嬉しいご縁」などと言いますが、昔の人々にとって「みち」はそういう言葉だったのです。

私にとっての「道」は、「目的地に至るコース」「分岐点のたびに選ぶもの」であることに加えて「まず、存在していることの幸せを思うもの」にもなりました。すると、渋滞した車道や混雑した歩道を進むときも、人生のさまざまな道について思うときも、それまでより明るい気持ちを保てるようになった気がします。

波《なみ》

いま、使う人はいない、でも、ぜひお伝えしたい言葉が一つあります。それは、古代に使われていた「なむ」という動詞。その意味は「並ぶ」です。お伝えしたいのは、この動詞が「なみ」という言葉の語源だから。「なみ」といっても、海の波、「今年の暑さは例年なみ」と言うときのなみ、牛丼の並など、いろいろありますが、この「なむ」は、どうやらこれらすべてのもとなのです。

まず、並んでいる樹木。「なむ」状態の木ですから「並木」です。昔は、並んでいる蔵を指す「なみくら」という語も使われていました。そして「並ぶ」の名詞形が「並び」であるように、「なむ」の名詞形は「なみ」。だから、山が連なる様子は「山なみ」。家屋が連なる様子は「家《いえ》なみ」あるいは「屋《や》なみ」。「みんなが同じように」という意味で使われることの多い「軒《のき》なみ」も、もとは家の軒が並ぶ様子を表す言葉です。

そして、何かが並んでいる様子は「どれも程度が同じ」印象を抱かせるので「〇〇と同程度」という意味が派生し、そこから「世間なみ」「例年なみ」といった言葉が生まれました。さらに、同程度であることは「特に優れていない」ことでもあるので、「上等でない」と言いたいときにも使われるようになり、ここから「並の人」といった言い方や、牛丼店などで用いられる等級「上・中・並」が生まれたわけです。

さて、忘れてならないのが海の波です。私たちにとって、波は、その高さのせいで船が転覆したり、船上の人が船酔いになったりする苦労の種。だから、水面の上下動のことばかり思ってしまうのですが、大昔の先祖たちは別のものを見ていたようです。

多くの語源辞典が採用しているのは、海を見れば沖から海岸まで水面の凸凹《でこぼこ》がきれいに並んでいる、だから「なみ」と呼ばれた、という説です。つまり、陸上に山や木

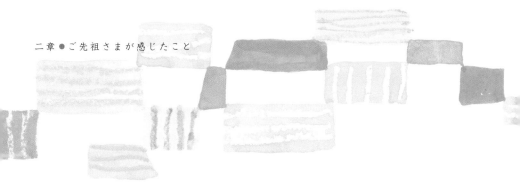

が並んでいるのも、海上に水面の凸凹が並んでいるのも「なみ」。なんとわかりやすい命名でしょう。

ではなぜ、山なみ、家なみと同じように「水なみ」と呼ばなかったのか。私の推理は、「並んでいるのは水ではなく、その凸凹、水の畝《うね》のようなもので、それを表す言葉がないから」。また、そもそも海の波はあまりにも長く、広く、きれいに連なっているので、私たちは一つ一つの畝のことをほとんど意識せず、ただ、そのはるかな連なりを眺めるだけ。だから「なみ」としか言いようがなかったのかもしれません。そんなふうに考えると、頭に何もつかない「なみ」は、海の波のスケールの大きさを伝える言葉のようにも思えます。

私は三十歳のころ、こうした「なみ」の語源に触れ、景色の見方が変わりました。それまでは、海は海、陸は陸。でもいまは、丘の上でも海岸でも、はるかに連なるもの――山や木や家や波が織りなす「並びの美しさ」も鑑賞するようになりました。そして、これらすべてを「なみ」と呼んだ先祖たちは、そこに何を見ていたのだろうと思いを馳せるのです。

おひとつ

家や会社に来てくれた人が、こちらの用意した菓子に手をつけないとき、私たちは「おひとつどうぞ」と言います。私は若いころ、この「おひとつ」がどうもしっくりきませんでした。

日本語では、さまざまな言葉の頭に「お」をつけて、会話の相手や、話題にしている人への敬意を表したり、話題にのぼる事柄を美しく表現したりします。「どうぞ、お菓子をお食べください」という場合、「お食べください」の「お」は相手への敬意を表すためのもの。いっぽう「お菓子」の「お」は、話題にする「菓子」を美しく表現することでこの発言全体の印象を柔らかくするためのものです。

では「おひとつどうぞ」の「おひとつ」はどちらか。一見「お菓子」と同じタイプに見えますが、「私はお菓子を食べます」とは言えても「私はおひとつ食べます」とは言えません。菓子は誰にとっても菓子なので美しく表現しても構いませんが、「ひとつ」は自分が「一つ食べよう」と思ったことから出た言葉。それに「お」をつけると自分を敬っているような印象が生まれるからです。なのに、客に菓子を勧めるときには、自分が用意し、自分が「一つ食べてほしい」と思った「ひとつ」に「お」をつけて「おひとつどうぞ」と言う。これは敬語としておかしいのではないか。そう感じていたのです。

いま、その不審は解けています。「おひとつ」の「ひとつ」は、菓子の数を表す言葉とは限らないと気づいたからです。なにしろ「ひとつ、ふたつ……」は日本語の数え方の基本なので、たとえば皿に盛られた料理を数えるときでも「ひと皿、ふた皿……」と数える代わりに、「ひとつ、ふたつ……」と言うことがあります。だから、この「ひとつ」が「ひとつまみ」や「ひとくち」の代わりであってもおかしくありません。となると、「ひとつまみ」したり、「ひとくち」食べたりするのはお客様ですから、この「ひとつ」に「お」をつけよう、という気持ちが生まれるのは自然なこと。そこにあるのは、客を大切にする心です。

だから、肝に銘じました。先人たちが受け継いできた言葉づかいにはそれなりの意味があると。「おひとつどうぞ」と言ったり言われたりするたびに、胸の中でそのことを反芻しています。

屁理屈《へりくつ》

小学校でとても仲の良かったN君は理屈の天才でした。学校の時計が遅れたせいで「四時になったら下校しましょう」という放送が四時一分に流れた日、彼はそのまま遊び続け、先生に叱られると言いました。「だって、あの放送のあと一度も四時になっていないよ」。虫カゴの掃除係なのにサボって別の子にやらせたときには、「何でも独り占めせず、仲間に分けることが大事だから」。でも、ある日、先生にやりこめられます。みんなの前でこう言われたのです。「それだけ屁理屈が出るということは、N君のおなかにはよっぽどおならがたまっているんでしょうね」。教室はもちろん大爆笑。彼の屁理屈はそれからだいぶ減りました。

そう、私たちはふだん意識していませんが、「屁理屈」の「屁」とは、おならです。なんと大胆なたとえでしょう。確かにいまの例のように、私たちが口にする理屈の中には、現実とかけ離れて何の説得力もないものが多くありますが、それにしても、人間の知性の軸とも言える「理屈」という高尚な概念に、「誤」でも「非」でも「偽」でもなく、「屁」という冠をかぶせるとは！　古い用例がないので明治以降に生まれた言葉だと思われますが、印象としては、落語に登場する江戸の町人の機知を感じさせる表現です。

　なぜ「屁」か。想像するに、「誤理屈」や「非理屈」のような理詰めの言葉を作って批判すれば、それは、理屈を弄する相手の土俵に乗ること。「どこが誤理屈か説明しろ」などと反論され、言い負かされてしまうかもしれません。だから、理屈とは無縁で、でも現実感にあふれる「屁」。誰もが「何の役にも立たない」「人前でするのは恥ずかしい」と感じているおならのイメージを前面に出すことで、理屈の言い合いを避けて実感の勝負に持ち込もう、というわけです。それに「屁」は笑いを呼ぶ概念なので、けんかにもなりにくい。立派な戦略だと思います。

　この「屁理屈」という言葉、最近のメディアはあまり用いません。私はもっと使えばいいと思うのですが。たとえば、失言をした政治家がリアリティのない言い訳をしたときなど、ぜひ、評論家やコメンテーターの口からこの痛快な言葉を聞きたいものです。

お開《ひら》き

「では、そろそろお開きにしましょうか」は、宴会の終わりの決まり文句ですが、この「お開き」は、「閉会」や「終わり」の代わりに用いる言葉です。なぜ言い換えるかというと、せっかくめでたい宴を催したのに、そこで「終わり」「閉じる」という言葉を使ってしまうと、ありがたい御縁や幸福な人間関係の終焉、閉幕が連想されて縁起が悪いから。

私たち日本人は古くからこうした「言い換え」の習慣を持っていて、この「お開き」以外では、「梨」という語が「無し」に通じるので「有りの実」と言う、また「墨をする」という言い方は金銭を無くすという意味の「する」を連想させるので「墨を当たる」と言う、などの言い換えが知られています。

こうした習慣は、大昔の人々が信じていた言霊《ことだま》の信仰、すなわち、良い言葉を口にすると良いことが生じ、悪い言葉を発すると悪い事態が起きる、という思想をいまに伝えてくれるものであり、大いに興味深いのですが、いっぽうでは結婚披露宴などでスピーチや会話をする際に緊張を強いて楽しさを減じる困った風習。だから、場面によって用いることもあれば、あえて無視することもある、というのが、私のスタンスです。でも、「お開き」だけは、いつ聞いてもいい気持ちになり、自分も使いたくなるのです。

宴会はもっぱらめでたいときにおこなわれ、集まった人々は幸せな気分で飲み、騒ぎます。そして、まさにその瞬間を「楽しい」と感じるので、宴会の終わりには「楽しさが尽きる」という気分になってしまう。でも、そこで「お開き」という言葉を使うと印象が変わります。

「お開き」という言葉は、宴会の場を囲んでいた壁を取り払い、それまで店内に満ちていた幸福感をこれから外の世界に広げる、という空気を醸します。楽しさはそこで尽きず、人々の幸せな心はそれぞれの行く先で新たな幸せを生む種になる……。私はいつもそんなふうに感じて新たな幸福感を覚え、この言葉の存在をありがたく思います。

おそらく「お開き」という言葉を使い始めた昔の人々は、そんな効果のことは考えていなかったでしょう。でも、「有りの実」や「墨を当たる」などと比べ、「お開き」がずっと多くの人に好まれ、使われている理由はここにあると思います。

三章

口楽しく耳喜ぶ

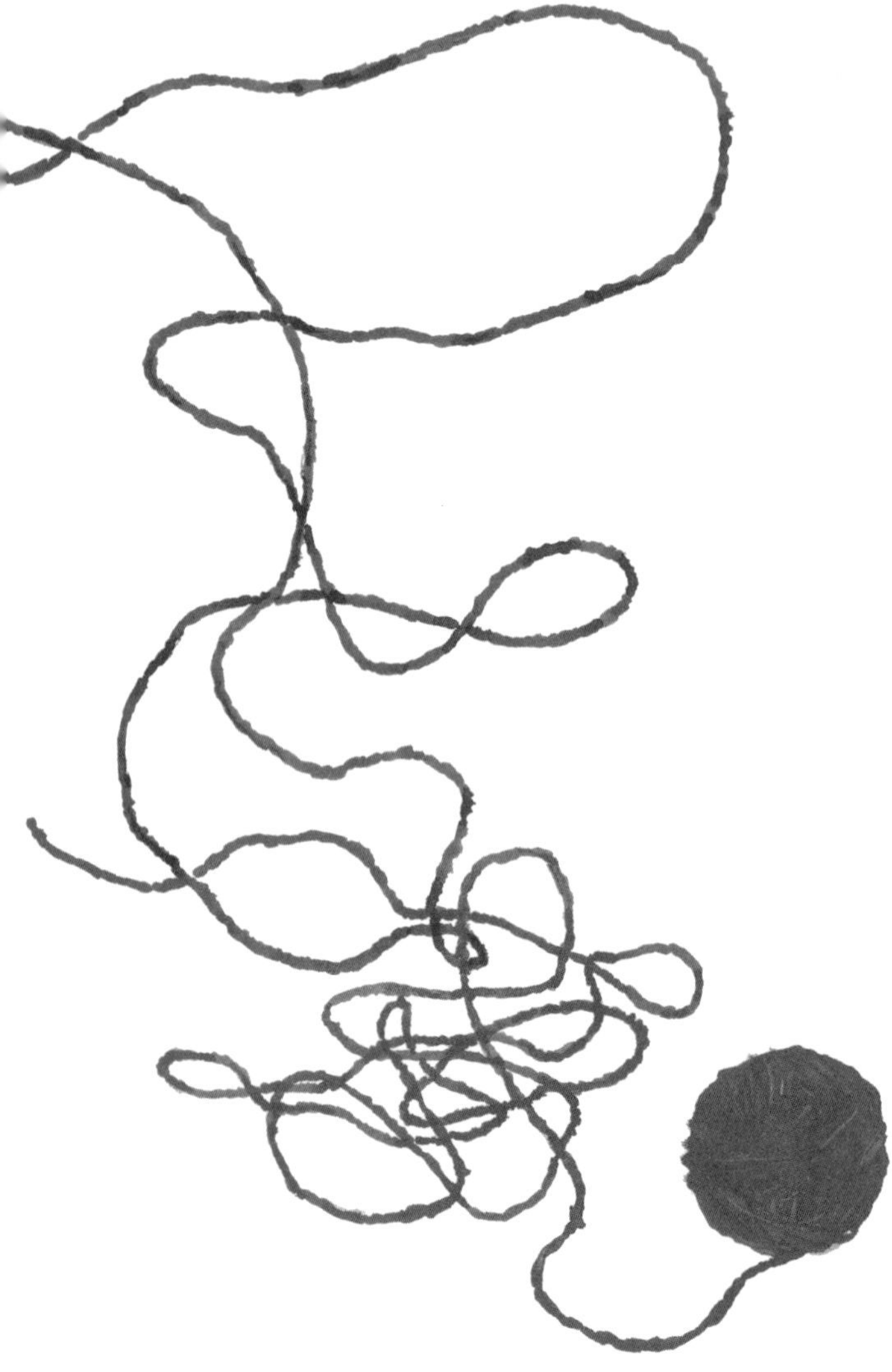

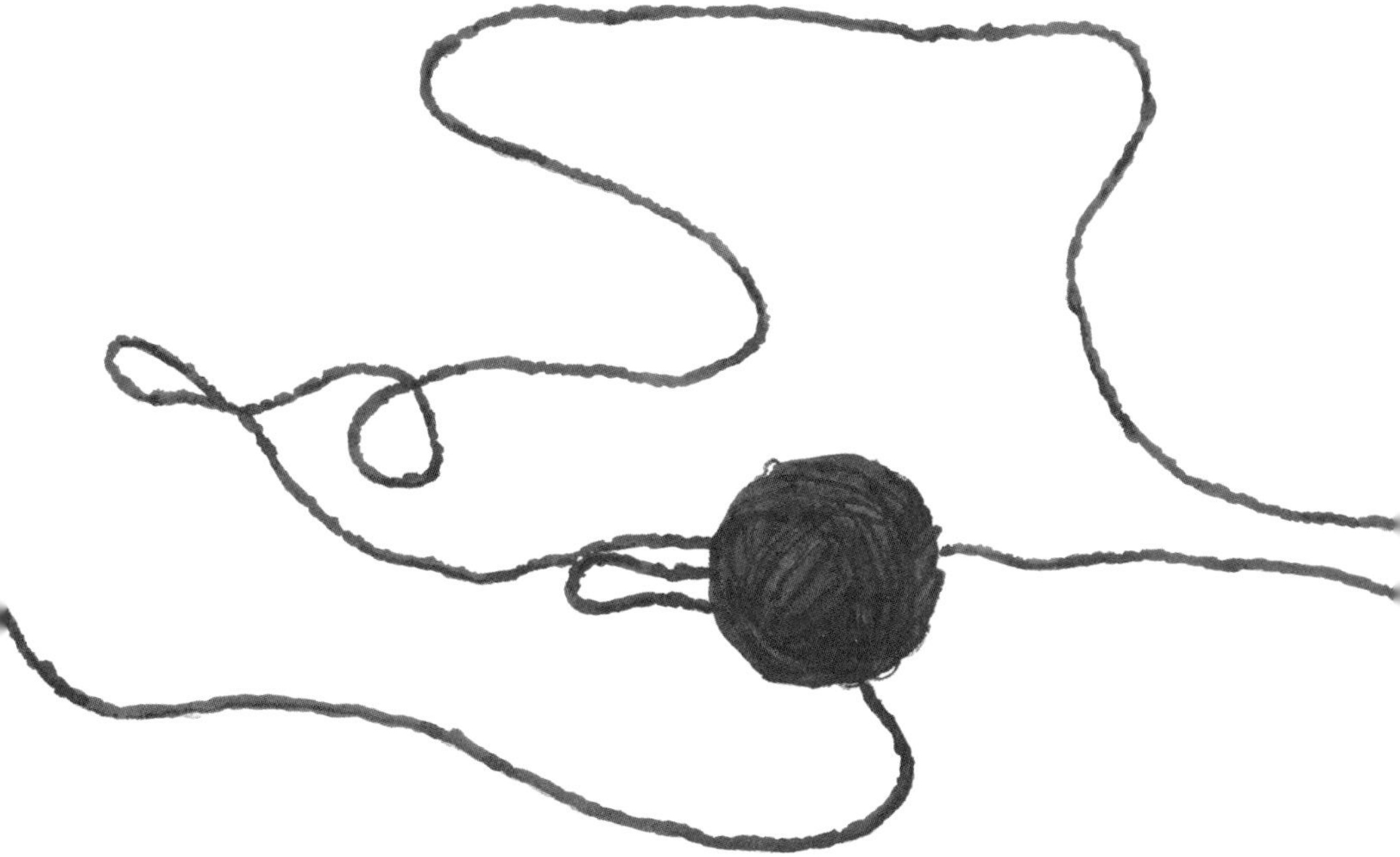

優れた詩や歌は、それを口にする楽しさや、
聞く喜びを私たちに与えてくれますが、
これは詩歌だけの特権ではありません。
日本語の単語には、たった一語で、
まるで美しい詩や歌のように私たちの口や耳を喜ばせ、
楽しい気分にしてくれる言葉がいくつもあります。
いわば、芸術作品の言葉。
せっかく日本語を話せるのに、
その魅力を楽しまないのはもったいない話です。
この章では、その中でもひときわおもしろく、
情趣に富む言葉を紹介します。

まる

アンケートや問診票などに次々に丸印をつけていくとき、私は「まる、まる、まる……」と言いながら記していきます。でも、最近は「レ」のような印をつける調査票もあって、その場合は黙って「レ」を記入。そのあと、再び丸印の調査票があると、また「まる、まる、まる……」。それを繰り返しているうちに、自分が「まる」と言うのを楽しんでいることに気づきました。

丸印は「オーケー」や「問題なし」と回答するために記すことが多いので、自ずと「まる」という音も良い印象を帯びる、ということもあるでしょう。でも、そのとき強く思ったのは、それにも増して「まる」と発音すること自体が心地よい、ということです。

「まる」と言ってみてください。大きく口を開いて「ま」を発音。軽く口をすぼめて舌先で「る」とつけ足す。この口の動きはとてもスムーズで力むところがありません。そして「ま」と発音するときは、唇を閉じた状態から口を大きく広げようとするので、口の中は膨らんだ袋のよう。

数学的に言えば一定の表面積で最大の容積を生む形、つまり口の中の空間が「球」に近いのです。ただ、この時点では口が大きく開いた、という感覚のほうが強い。ところが、そこから口を閉じて「る」と言うと、一瞬前まで口の中の空間は球形だった、自分の口の形は球体をなぞるように動いた、という動作の記憶が残ります。

これはまったくの偶然でしょうか。それとも、ほかの言い方もいろいろあった中で、最も気持ち良く発音できる言葉が残ったのか。「る」はともかく、一つめの音に関しては、「ま」以外のどんな発音でもあの「球体」感は得られないので、昔の人々に「素敵な言葉を作ってくれてありがとう」と言いたくなります。

私が調査票に印をつけるときは、心に円を思い浮かべつつ、この「まる」という語を口から発し、同時に手は円を描いているわけで、言ってみれば、心と体が一つになっている！　楽しいはずです。

そう気づいてから一週間もしないうちに、歌を思い出しました。小学唱歌の『月』です。一番の歌詞は「出た出た　月が／丸い丸い　まん丸い／盆のような　月が」。この歌は「出た出た」という大胆な表現が眼目だと思っていましたが、いやいやそうではありません。第二節は、実際に歌うと「まーるい、まーるい、まんまるい」という発音になり、ここで「まる」という単語を発音する心地よさを存分に味わえるのです。そしてこのとき、口の形と響き合うのはボールペンで書く小さな円ではなく、大きな満月です。今度、満月を見たときには、ぜひこの歌を歌って、夜空に浮かぶ「まる」と口の中の「まる」の一体感を味わってみてください。

和《あ》える

笑われるかもしれませんが、私が「和える」という言葉を会話の中でふつうに使えるようになったのは、二十歳をだいぶ過ぎてからです。それまでは、「味噌和え」「ごま和え」といった成句の形では口にしても、「和える」という動詞を使うことはありませんでした。おおよその意味は理解していたのですが、それを口にすることは、昭和四十年代の、料理をしない平凡な少年にとっては、かなり高いハードルでした。

当時の様子を懐かしく振り返るとき、まぶたに浮かぶのは、母を始めとするおとなの女性たちが、まるで魔法のように次々においしい料理をこしらえるのを、驚きと憧れの目で見ていた自分です。そんな女性たちが交わす料理関係の用語は、私や友人が使う泥臭い言葉とはまったく違う、美しくて品のある言葉ばかりで、「和える」はその代表でした。だから、うっかりそれを口にしたら、上品すぎて似合わない服を着たときのように笑われるに決まっている。そんな心持ちだったのです。

また「和える」は、使わずにすむ言葉でもありました。ほぼすべての場面で、その意味は「混ぜる」と同じだからです。小さな辞書で「和える」を引くと、シンプルに「混ぜること」「混ぜて調理すること」などと記されています。つまり「味噌で和える」は「味噌を混ぜる」と同じこと。実際、私はいつも「混ぜる」という言葉を使っていましたが、何一つ困ることはありませんでした。

「和える」とは、そういう言葉です。より広く便利に使える「混ぜる」という単語があるのだから、それを使えばいいのに、料理に関する話のためだけに、特別に存在している言葉。そして、うがった見方かもしれませんが、私はそこに、料理をする人たちの誇りを感じます。

行為としては「混ぜる」と同じでも、扱う対象が違う。料理の場合は、それだけでも十分においしい豆腐やねぎと、やはりいい味を持つ味噌やごまを混ぜて、より深い味わいを生む、という、このうえなく贅沢で幸福感に満ちた行為。こうした行為を表現するにあたっては、土や砂についても用いる「混ぜる」を使わず、この美しい行為にふさわしい言葉で表現したい。料理を愛する人たちのそんな思いによって選ばれ、定着した最高の表現が「和える」。私はそう思っています。

では、どんなところが最高だったのか。それは発音と意味の一致でしょう。「あえる」の特徴は「あ」と「え」がどちらも口を大きくあけて発する母音であること。これを続けて発音するとき、私たちは舌や唇をどこにも接触させず、口を閉じたり縮めたりすることもありません。ただ、喉から響く音をなめらかに変化させるだけ。だから、自分の口の中で柔らかいものが溶け合った印象を覚えるのです。それはまさに、おいしいものとおいしいものが合わさる様子のよう。きっとあなたも、二度と発音すれば、おいしい食べ物の話には「混ぜる」より「和える」がふさわしい、と感じるはずです。

つぶ

豆つぶ、ご飯つぶ、雨《あま》つぶの「つぶ」。この言葉を発するときのことを思ってみてください。あなたの唇は小さくすぼみ、開くか開かないかわからないままに発音を終えているでしょう。「つぶ」は、日本語の単語の中で口の開き方が最も小さい状態から発せられる言葉の一つです。「つぶ」という言葉を発音するたびに、その口の小ささが意味まで伝えている気がしてなんだか楽しい気分になります。

この文章を書くためにいろいろな「つぶ」の様子を目に浮かべていたら、私を楽しい気分にしてくれるのは、それだけではないと気づきました。「つぶ」という語の意味の中心は間違いなく「小さな塊《かたまり》」ということですが、その奥に潜む二つのイメージが見えてきたのです。

まずは「発展の可能性」です。豆つぶは土に蒔けば大きな実りをもたらし、ご飯つぶは私たちの肉体や活力に変わります。雨つぶは豊かな緑を育み、動物の命をつなぐ飲み水になります。いわば、小さくても宝。「つぶ」という語にはこのニュアンスがあるので、特に優れている人や物のグループを「つぶより」「つぶぞろい」などと呼び、逆にもう役に立たない廃棄物などは、それが小片でも「ごみのつぶ」とは呼びません。

もう一つは「かわいらしさ」です。豆つぶ、ご飯つぶ、雨つぶの様子を思い描いていたら、これらの「つぶ」が小さいながらも美しい丸みを帯びているさまが心に残り、一つの言葉が浮かびました。それは、「つぶらな瞳」の「つぶら」です。辞書で確認すると、その意味は「丸くてふっくらしている」ことで、語源は「つぶ」。ということは、先祖たちもさまざまな「つぶ」のふっくら感を鑑賞していたのです。思えば、工作機械のない時代に、人が木や石を削ってふっくらした曲面を作るのはとても難しいこと。なのに、あれほど小さな豆つぶやご飯つぶが見事な曲面を持っていることに先祖たちは感動し、その思いが「つぶ」という語に「ふっくら」のニュアンスを加えたのかもしれません。

「つぶ」は、そんなふうにとても豊かなイメージを持つ言葉です。小さくて丸いもの、たとえばぶどうやたまごボーロを数えるときには「ひとつぶ、ふたつぶ……」と唱えてみてください。それだけで、「一個、二個……」よりも幸せな気分になれるはずです。

四《よん》と七《なな》

日本語の数の呼び名には、日本古来の数え方、すなわち大和言葉の「ひ、ふ、み、よ、いつ、む、なな、や、ここの、とお」と、中国から伝わった漢語に基づく「いち、に、さん、し、ご、ろく、しち、はち、く（きゅう）、じゅう」の二通りがあります。でも、「数を読み上げて」と言われれば、十人中十人が漢語のほうを口にするでしょう。漢語の呼び名は、「百」「千」「万」などの桁を表す漢語と合わせることでどんな大きな数もわかりやすく表現できるので、その便利さは圧倒的。だから現代においては、数に関するたいていの話はもっぱら漢語でおこなわれます。が、よく見ると異端児が二人、紛れ込んでいるのです。

漢語の数の呼び名は合理的で使いやすいのですが、問題が二つあります。日本人の耳には、「し」と「しち」、「いち」と「しち」が紛らわしいこと。そして「し」の発音が「死」を連想させることです。そこで先人たちが編み出したのが、「し」や「しち」を使いたくないときには、大和言葉の「よ」と「なな」を使う、という方法。ただし、「よ」に関しては、後ろに「ん」がついた「よん」が定着しました。これは「よじゅう（四十）」「よひゃく（四百）」といった発音が難しいので、「さん（三）」にならって「ん」を添える習慣ができた、ということでしょう。

　こうして生まれたのが、「し」と「よん」を、また「しち」と「なな」を状況に応じて使い分ける習慣です。私たちは、「忠臣蔵」に登場する赤穂浪士を「しじゅうしち士」と呼びますが、札幌オリンピックがあったのは「昭和よんじゅうなな年」です。テレビ番組の七人の出演者は「しちにんで頑張ります」と言いますが、居酒屋へ行って人数を告げるときには「ななにんです」。その言葉を聞く人が何を見ているか、どれほどの予備知識を持っているか、周囲に雑音があるか、といったことを斟《しん》酌《しゃく》し、「し」と「しち」を聞き誤る可能性が高ければ「よん」や「なな」を、低ければ「し」や「しち」を使う、という選択をしているのです。それも、おそらく0・1秒ぐらいの間に。日本語を学ぶ外国の人にこの事実を話すと「ううう、私にはとても無理です」と頭を抱えますが、日本人にとっては自然なこと。母語とはおもしろいものです。

　でも、もっとおもしろいのは、この使い分けのために導入された二つの数が「よん」と「なな」であったことです。「よん」と「なな」。なんと柔らかい響きでしょう。実は「やわらか」「ゆったり」「なごやか」「にこにこ」といった言葉が示すように、ヤ行とナ行の音は日本人の心に柔和なイメージを湧かせるものなのです。

これは、もちろん偶然のなせるわざでしょうが、その結果、起きたのは大きな変化でした。端正で緊張感を感じさせる「シ」「チ」「ク」のような硬い音が目立つ漢語の呼び名の中に「よん」と「なな」が加わったことで、日本人が数というものに冷たさを感じる、という事態が避けられたのです。

以前、人気の犬が集まるイベントを見に行ったとき、貴婦人のようなプードルやポメラニアンなど、いかにも美しい十数匹の洋犬が並ぶ中に、素朴で優しい風貌の柴犬と秋田犬を見つけて嬉しくなり、胸の中で「犬って素晴らしいなあ」とつぶやいたことがあります。その二匹がほかの犬よりいい、というのではなく、その二匹のおかげで舞台の上が豊かな空間になっていたからです。「よん」と「なな」はこの二匹と同じ。日本語の数の世界全体を豊かで親しみやすいものにしてくれています。

パセリ

私たちが使っている日本語の言葉の中には、室町時代に伝わった「カステラ」から現代の「アプリ」まで、もともとは外国の言葉だったものがたくさんあり、「外来語」と呼ばれています。こうした言葉は、いったん形が定まって定着すれば、ふつうの日本語と同じように使えるのですが、どれをとっても原語の発音は日本語の音韻体系と大きく違うわけですから、日本語化に際してどんな音と文字を採用するかはけっこう難しい問題です。中には「グラウンド」と「グランド」、「インク」と「インキ」のように、同じ原語から二つの外来語ができてしまい、検索などで苦労するケースも。でも、いっぽうで「この言葉は、誰かが素敵な知恵を働かせてこしらえたのかも」という思いを抱かせる外来語もあります。

まずは「パセリ」。もとになった英語の綴りは「ｐａｒｓｌｅｙ」です。真ん中の「ｓ」のあとはすぐに「ｌｅｙ」ですから、素直に読めば「パースリー」か「パースレイ」。「セ」という音はどこからも生まれません。英米人が発音するのを聞いても「パースリー」が一番近いように思いますが、定着したのは「パセリ」。実は、このパセリ、「セリ科」の植物なのです。パセリが日本に伝わったのは江戸時代中期の十八世紀で、そのころは「オランダ芹《ぜり》」と呼ばれていたそうです。近代になって原語を生かした呼び名が広まったわけですが、その過程で「セリ」という言葉が巧みに織り込まれて「パセリ」になった、というのが有力な説。「お見事！」と声をかけたい感じですね。

「木」という意味の「ツリー」。もとの英語は「ｔｒｅｅ」なので自然な造語だと思われるかもしれませんが、「ｔｒ」から始まる英単語が外来語になった例を捜すと、「ｔｒａｖｅｌ」は「トラベル」、「ｔｒｅａｔｍｅｎｔ」は「トリートメント」といった具合で、その冒頭はすべて「ト」。「ツ」から始まる言葉はありません。英語の「ｔｒｅｅ」には「樹状の管」という意味もあり、電気工事の世界ではケーブル内に入った水分がそうした管を作って絶縁体を壊すことを「水《みず》トリー」と言います。つまり、同じ「ｔｒｅｅ」でも電気の世界では「トリー」。なのに、なぜ「木」そのものは「ツリー」なのか。「トリー」だと「鳥居」が思い浮かぶから？　それもあるでしょう。でも、もう一つ。私が思うのは「雪吊り」という言葉の影響です。

雪吊りをごぞんじですか。樹木の枝に雪が積もっても折れないようにする工夫で、木の幹のそばに立てた長い棒のてっぺんからたくさんの縄を放射状に垂らし、その先を枝に結んで支えます。完成した姿はこうもり傘を半分すぼめたような形で、その縄が雪で白く染まるととても美しく、特に金沢の名園、兼六園の雪吊りは冬の風物詩として有名です。

もうお気づきでしょう。傘をすぼめたような形、樹木、そこに降りかかる雪といえば、クリスマスツリー。日本でクリスマスツリーが知られるようになったのは幕末から明治期と言われていますが、そのころの日本人が「雪吊りに似ている」と思った可能性は大いにあります。となると、そのことが「ツリー」という語の定着に一役買ったのではないか、という想像が膨らむわけです。また、クリスマスツリーにはさまざまな飾りが吊り下げられるので、そのイメージも影響している可能性があります。

単なる仮説ではありますが、東京スカイツリーが登場するまでは「ツリー」の用例の大部分がクリスマスツリー関連であり、いまも一般の樹木に関する話ではあまり使われない、という事実は「ツリー」と「クリスマス」の強い結びつきを物語っていて、この説もあながち妄想ではないように思います。

三つめは、鍋物に欠かせない「ポン酢」。原語はオランダ語の「ｐｏｎｓ」で、これはブランデーなどの酒にレモン果汁や砂糖を入れた飲み物です。江戸時代には日本に伝わっていたようですが、当時の日本人はそのレモンの酸味ばかりが印象に残ったのでしょう。その後、日本では、調味料として使う、だいだい、すだちなどの酸っぱい絞り汁を「ポンス」と呼ぶようになりました。すると、いつしか「ス」が「ズ」に変わって表記も「ポン酢」に。確かにこれなら味の特徴が一目でわかりますね。いまは、これに醸造酢やしょうゆを加えたものが一般的です。

このように、日本語の歴史を見渡すと、外国語を取り入れるにあたって日本人の語感に合うよう巧みなアレンジが加えられた可能性を感じる言葉が少なくありません。こうした言葉は、もとは外国語であっても、先人たちの知恵と工夫の結晶。誇らしい日本語です。

我《わ》が家《や》

「わがや」という言葉が醸す何とも言えない温かみは、どこから来るのでしょう。

その意味するところ、すなわち「私の家」が、誰にとっても心安らぐ空間であり、特に家族のいる人にとっては、愛する人とともに暮らす場所だから、というのが標準的な答えであり、私もそう思います。でも、それだけで説明を終えてしまったら、この言葉の本当の魅力を見つめたことにはならない、とも思うのです。

「わがや」という言葉の温かみは、「わ」「が」「や」という三つの音の並びに負うところが大きい。私はそう思っています。まず、三つとも母音が「ア」なので、喉を開いた状態で滑らかに発音できます。そして「わ」と「が」、「が」と「や」は、とても相性のいい発音なのです。

「わ」は「私」という意味の古語で、古代には「わは行く」「わを待つ」といった形で使われていたのですが、やがて「われ」に取って代わられ、姿を消しました。なのに、助詞の「が」がついた「わが」だけは千年以上使われ続け、二十一世紀を生きる私たちも「わが身」「わが国」といった形で口にします。おそらく「わが」は日本人にとって発音しやすい音で、どの時代の人々も失うことをよしとしなかったのです。

また、「が」と「や」の間にも特別な結びつきを感じます。日本には、世田谷、熊谷、越谷、市ヶ谷など、「○○がや」という地名が数多くあり、この「がや」の「が」は、おそらく「わがや」の「が」と同じ助詞。たとえば世田谷の場合、「世田の谷」という意味で「せたがや」と呼ばれるようになった可能性が大です。

でも、地名の場合、このような助詞は多くの場合、いつのまにか省かれるもの。つまり「せたや」のような形になるのがふつうです。なのに、全国に「○○がや」という名が残っているという事実は、「がや」という発音が日本人に好まれていることを感じさせます。おそらく、「が」と「や」はどちらも五十音のア段で、少し鼻にかかるところも共通するので、続けて発音しやすいのでしょう。

つまり「わ」「が」「や」は、滑らかに発音できる音なのです。そして、口の中の「音の出どころ」に注目すると、最初の「わ」は唇を突き出した状態からの発声なので、口の前のほうで音が出ている感じ。次の「が」

は舌を上あごにつけるので、中ほどで音を出している感じ。最後の「や」は舌の付け根を動かすので、奥で発音している感じ。つまり、「わ」「が」「や」と発音するにつれ、発音の位置が前から奥へと移動します。それはまるで、外で働いたり遊んだりした私たちが、一日を終えて自分の家に戻る様子を表しているようです。

だから、私たちは「わがや」という言葉を口にするたびに、帰る家がある幸せを感じることができます。偶然の賜物と言ってしまえばそれまでですが、いま、この言葉を使えるのは、絶やさず伝えてくれた先人のおかげ。いずれにせよ、「私の家」の表現に関して、日本人は言葉に恵まれたのです。

桃《もも》

日本料理や和菓子は、まず「目で味わう」ものと言います。その色どりや形に工夫を凝らしたものが多いので、味や香りの前に、視覚的な美しさを鑑賞しよう、というわけです。これには大賛成ですが、もう一つ、つけ加えたいことがあります。日本人が昔から愛してきた食べ物の中には、その名を聞く喜び、さらには発音する喜びも味わえるものが少なくない、ということです。

たとえば、桃です。「もも」。独特の響きです。この言葉を知らない日本人はいないでしょうが、もしいたとしても、食べるものだと教えたら「おいしそうだね」と言うに違いありません。

マ行の音である、マ、ミ、ム、メ、モは、声を鼻に響かせながら穏やかに唇を開くことで発せられ、この音の出し方が独特の優しい雰囲気を醸します。特に「モ」は、閉じていた唇を縦に開いて母音の「オ」を発音するのに時間がかかるので、その優しさ、柔らかさが際立ちます。大切な赤ん坊を包んでいるおくるみをそっと開く、そんな感じでしょうか。

ちなみにマ行以外で唇を閉じた状態から発音するのはバ行とパ行ですが、こちらは口を破裂させるようにして音を出すので、勢いがあります。

太古の昔、私たちの先祖が、そんな「モ」を二つ連ねて呼んだ果実。それが桃です。昔から日本にある果物といえば、桃以外には「かき」「くり」が浮かびますが、どちらもやや硬さを感じる発音。それに比べて「もも」のなんと柔らかいこと！　この果実に寄せる先祖たちの思いが伝わってきます。

語源辞典によると、たわわに実る様子を表す「もも」という古い言葉から来ているという説や、「うまい実」を意味する「まみ」が「もも」に変化したという説などありますが、いずれにしても、先祖たちが桃を見たり食べたりするときに抱いていた幸福感と、「もも」という発音がピッタリ合ったから、この言葉が定着したことは間違いありません。

桃を食べるときには、色や形や香りに加えて、「もも」という音を牛む口の動きの柔らかさ、耳に入る音もたっぷりめでましょう。そして、おもむろに口に入れれば、おいしさが一段と増すこと、疑いなしです。

ちなみに、沖縄では「むむ」と言うそうです。これはまた、なんとかわいい言葉。沖縄では、「むむ」と言ってから食べましょう。

うやむや

外国から伝わった言葉の響きが、たまたまその語に関係する日本語に近くて笑ってしまうことがあります。たとえば、ローマ法王を選ぶ秘密会議の名称「コンクラーベ」。いつ終わるかわからない、という特徴を持つ会議であり、二〇一三年にフランシスコ法皇が選ばれたときにも「まだ決まらない」という情報が数回届いたので、私たち日本人はそのたびに「根くらべだね」と言いたくなりました。ただこの場合、意味に接点はあるにせよ「法皇選出会議」と「根気の比べ合い」は明らかに別のもの。外国から伝わった言葉と日本語がぴったり合う、ということはまずありません。でも、もしかしたら、それに近い状況があったのでは、と想像される言葉があります。「うやむや」です。

一般に、その語源は漢文の中に出てくる「有耶無耶」という一節だと言われています。意味は「あるのか、ないのか」。それが「あるのかないのかわからない、はっきりしない状態」を指すようになった、というわけです。

しかし、異説を唱える学者もいます。「うやむや」は昔から一部の人が用いていた大和言葉だ、という説です。なぜなら漢文の「有耶無耶」は「ありや、なしや」と読めるのに、わざわざ「うや、むや」と読む人は少ないと思われるから。また「もやもや」「むにゃむにゃ」など、日本語には語感が「うやむや」に似ていて「はっきりしない様子」を表す言葉があるからです。

私にはどちらが正しいかわかりません。が、想像できることが一つ。どちらにしても、漢文の「有耶無耶」を最初に「うやむや」と読んだ人々は大いに笑っただろう、ということです。なにしろ「有《う》」や「無《む》」は中国伝来の言葉で日本人の語感とは無関係のはずなのに、そこから生まれた「うやむや」は、日本人にとっていかにも「はっきりしない」感じを漂わせる言葉となり、しかもその意味は「あるか、ないか」なのですから。

きっと「言葉っておもしろいなあ」と笑い合い、その後、はっきりしないことを「うやむや」と言う習慣が定着、もしくは、それまで一部の人が口にしていた「うやむや」を「有耶無耶」と書いてみんなで用いる習慣が広まったのでしょう。残念ながら、それがいつの時代かはわかりませんが、もしタイムマシンがあったら、歳月を遡ってその時代を突きとめ、ともに愉快な気分を味わいたいものです。

言葉ではなく、単語の中の一文字の話でも許してもらえるなら、もう一つおもしろい例があります。「T字路」という言葉です。ある道路とその道に直角の道路が接続する三叉路を指す単語で、発音は「てぃーじろ」。でも昔は同じ意味で「丁字路」という言葉が使われていました。こちらは「ていじろ」です。道と道が直角に接続する三叉路は空から見れば、「丁《てい》」という漢字に似ているので「丁という字のような道」ということで「丁字路」。

この言葉は、「甲《こう》、乙《おつ》、丙《へい》、丁《てい》……」という言い方が、順序や評価を表す言葉として広く使われていた戦前までは、誰もが意味を理解できる単語でした。ところが戦後、「A、B、C……」という順序づけが広まると、「丁」の字を見るのはもっぱら「一丁目」や「豆腐一丁」など、「ちょう」と読む言葉の中だけ。その結果、日本人の頭の中で「てい」という音と「丁」の字が直結しなくなり、「ていじろ」と聞いてもピンと来ない人が増えます。だったら、そうだよ、アルファベットの「T」でいいじゃないか。きっとそう思った人がいたのでしょう。あるいは、年長者が口にする「丁字路」という言葉を聞き、前後の文脈から「T字路」と理解した若者が多かったのかもしれません。とにかく、昭和の終わり頃には「T字路」のほうが優勢になりました。

ご年配の方の中には、いまでも「T字路なんて間違いだ」と怒る人がいます。なじんだ言葉を否定される不快感はよくわかりますが、でも、どうでしょう。「丁」の字は、よく見ると下が跳ねています。「T」はまっすぐなので、道路の話にはこちらが適当かも。また「U字溝」「S字結腸」「V字回復」など、アルファベットを用いた「○字○○」という単語はほかにもあるので「T字路」に奇異な感じはありません。

だから、怒るよりも、その見事なリレーを鑑賞するのはいかがでしょう。まず、最初に「丁字路」という言葉を思いついた人がえらい。道路の様子を漢字の形で表現するなんて簡単にできることではありません。そしてその後、日本人がアルファベットを幅広く使うようになったとき、たまたまこの「丁」とほぼ同じ形の「T」があり、その発音までがよく似た「ティー」だった。だから、このバトンの受け渡しが滑らかにおこなわれたわけです。いわば、人知と偶然が力を合わせて成したリレー。祝福しようではありませんか。

ふんわり

日本語を学ぶ外国人の多くは、漢字、ひらがな、カタカナという三種類の文字があることに頭を抱えるようですが、発音については異口同音に「簡単で覚えやすい」と言います。確かに、「k」「s」「t」といった子音と、「a」「i」「u」「e」「o」の母音が組み合わさって日本語の音ができていることを示す五十音図はとても明快。かつて、来日したばかりの人たちに日本語の発音について話したときも、五十音図を見せて説明すると「とてもわかりやすい」と喜んでもらえました。

ただ、最後に少し苦労したのが、図の枠外にある例外的な文字の話。すなわち「ん」と小さい「つ」、正確に言えば促音記号の「っ」です。ごぞんじのように、「ん」は日本語の発音の中で唯一、母音と組み合わせず鼻から響かせる音。いっぽう小さい「つ」は、一つの音を発するのと同じ時間、息をつめて音を出さずにいることを示します。外国の人々に「この二つは重要な発音なのか」という質問を受け、私はそばにいた日本人数名と話し合い、こう答えました。「重要だ。五十音図の中の音だけで文法通りに話すと、あちこちに発音しづらい音が生まれる。そういうところを『ん』や『っ』に置き換えるのだ」と。

つまり、私たちの頭に浮かんだのは、「雨がやみて」「花が散りて」といった文法通りの言い方だと発音しづらいので、話し言葉では「雨がやんで」「花が散って」に変えていること。国語学で言う音便《おんびん》です。日ごろの会話を思い出して「ん」と「っ」を探してみてください。外国から来た言葉である漢語・外来語を除いて、日本固有の言葉だけで考えると、この用法がかなりの部分を占めているはず。だからいまでも、あのときの説明は上出来だったと思っています。「ん」と「っ」は、言ってみれば、発音を易しくしてくれる便利屋さんです。

でも、じっくり考えると、「ん」も「っ」も、便利屋さんと呼んですますわけにはいかない、味わい深い役割も果たしているのです。それは一言で言えば「溜めを作る」ことです。

ここでは「ん」の働きについてご紹介することにします。「ふんわり」や「ひんやり」の「ん」です。

「溜めを作る」は、スポーツや芸能などで用いられる表現です。スポーツ選手や俳優、落語家などは、プレーや演技を早く進めようと思えば進められるのに、あえてゆっくりおこなうことで試合を有利に運んだり観客の心をとらえたりすることがあり、これを「溜めを作る」と言うのです。川の途中に溜め池を造って水の流れを遅くすることにたとえているわけです。

言葉に関する「溜め」のわかりやすい例は、落語家や講釈師が怪談を語るとき、「辺りが暗くなって」という文を「辺りがくらーくなって」と伸ばして発音すること。「くらーく」と伸ばしている間に、暗さが聞き手の心にしっかり広がることを期待しているわけです。

「ふんわり」の場合、もとになっているのは、柔らかさや浮遊感を表す「ふわ」という言葉で、これを重ねれば「ふわふわ」、あとに「り」をつければ「ふわり」という美しい表現ができあがります。でも、これだけでは満足できない、あるいは、これらの言葉が美しいからこそ、さらに柔らかく、軽い感じを表したい、と思った人がいたのでしょう。そのためには、「ふ」から「わ」に行く前に溜めを作りたい。それには「ふー」と伸ばしたり「ふっ」と言ったりする、という方法もあるけれど、次の「わ」の音へ移りやすいのは「ん」。ということで「ふんわり」が生まれたわけです。ふんわり。この言葉がなかったら、私たちは柔らかいふとんやセーターの感触をどう言っていたのでしょう。
「ひんやり」も同じです。冷たさを表す「ひや」という語からは、すでに「ひやひや」や「ひやり」という表現ができているのに、冷たい感覚をもっとうまく伝えたいという思いが、溜めを含む「ひんやり」を生みました。そして興味深いのは、時代が下るにつれて「ひやり」は不安のせいで心が冷える感じ、「ひんやり」は肌が感じる冷たさ、という使い分けが進んでいることです。

言葉が増えると、おのずとそうした細かい使い分けが生まれます。このほか、「じわじわ」の「じわ」、「ぼやぼや」の「ぼや」からは「じんわり」「ぼんやり」が、「はなやか」の「はな」、「柔らか」の「やわ」からは「はんなり」「やんわり」が、そして、「しみる」「のびる」という動詞からは「しんみり」「のんびり」という表現が生まれています。じんわり、はんなり、しんみり……。より深い表現を求めた昔の人の心が伝わってきます。

うっとり

一つ前の「ふんわり」の話の中で述べたように、「ん」と小さい「つ」は、「発音を易しくしてくれる便利屋」であるとともに、文の中に「溜めを作る」ことで話し手の思い入れの強さを伝える役割も果たしてくれています。ここでは、小さい「つ」が溜めを作る様子をご紹介しましょう。

たとえば「ぴったり」という言葉。うまく密着したり適合したりする様子は「ぴた」や「ぴたり」という言葉で表せるのですが、強い思い入れを込めて語る話し手は「ぴ」と「た」の間に溜めを作りたくなります。そして「ぴー」や「ぴん」も溜めになるけれど、次の「た」につながりやすいのは「ぴっ」の形。それで「ぴったり」という言葉が生まれたわけです。

同じように、「うかうか」の「うか」、「こてこて」の「こて」からは、「うっかり」「こってり」という言葉が生まれ、「ほそい」「あさい」という形容詞からは「ほっそり」「あっさり」が誕生しています。それぞれ、声に出して言ってみると、小さい「つ」のところ、すなわち「音の空白」

の部分を長めにすると、言葉の意味を強く表現できることがよくわかります。

「うっとり」もこの仲間です。もとになった「うと」は「からっぽ」という意味の「うつ」という古い言葉が変化したもの。この「うつ」からは、「うつろ」や「うつけ」など、頭がからっぽで知性が働いていないことを表す言葉ができました。また「うと」を重ねた「うとうと」は、「うつらうつら」とともに「眠気のせいで頭がからっぽになっている」様子を示す言葉として定着しています。「うと」はそんな言葉なので、「う」と「と」の間に溜めを作った「うっとり」も、基本的な意味は、知覚能力、知性などが著しく衰えている、ということ。だから、古くは「あっけにとられた」様子なども表していました。

それが次第に「魅力的なものに心が奪われているせいで理性が働かない」状態を言うために用いられることが多くなり、いつしか「陶酔」のニュアンスを帯びて、現在はその使い方だけになったわけです。

ということで、陶酔を表現することになった「うっとり」。その例文を鑑賞してみましょう。

私は美しい歌声にうっとり聞き惚れた。

彼女は艶やかな衣装をうっとりと見続けた。

大好きな女優を間近に見てうっとりする少年。

陶酔している人の表情だけでなく、その内にある心地よさまで伝わってきませんか。実は、ここには偶然の恵みもあります。ここまで述べてきたように、小さな「つ」で表される「音の空白」は「溜め」の役割を果たす場合が多く、「うっとり」も基本的にはそう。ただ「うっとり」の場合は、この言葉の意味が「心を奪われている」様子なので、同じ「音の空白」が、いま話題にしている人の「心の空白」も表現するのです。だから、この言葉を聞く私たちは「うっとり」している人の心地よさまで感じることができるわけです。私は会話などで「うっとり」という言葉を聞くたびに、話の内容とは別に、まずこの言葉と出会えたことが嬉しくなります。

このように、小さい「つ」は、「ん」と並んで、私たちの思い入れの深さを伝える大切な手段です。この二つは、五十音図では枠の外に記されていますが、こうして見事な働きぶりを振り返ると、あってくれてよかった、と思わずにいられません。

こんがらかる

「こんがらかる」という言葉を辞書で引くと、「ものごとが入り乱れてややこしい状態になること」という解説のあとに、「『こんがらがる』『こんぐらかる』『こぐらかる』とも」という補足が。つまり、どれでもいい、ということです。なんと適当な言葉でしょう。でも、順に発音したら、きっとあなたも「その通りだ。どれでもいい」という気持ちになるはずです。どの発音も「k」「g」「r」の子音が入れ違いに現れ、「入り乱れてややこしい状態」を体現しているから。つまり、発音と意味が見事に一致しているのです。

発音が意味を示す言葉は、山ほどあります。「ごろり」「ぴょん」「ふわふわ」といった擬態語や、「どすん」「がちゃり」「にゃあにゃあ」などの擬声語。また「よろよろ」「ばたばた」から生まれた「よろめく」「ばたつく」などの動詞もその仲間です。心惹かれる表現ばかりですが、これらはそもそも音や様子を言葉で模倣しようとして生まれた単語ですから、発音が意味を示すのは当たりまえ。「一致」ではありません。

「こんがらかる」は違います。「こんがら」という擬態語はないので、見たところ、「歩く」や「食べる」のようなふつうの動詞。でも口に出して言うと、その音の連なりが伝えたい意味と一致しているわけです。言ってみれば、一語で駄洒落を言えたようなもので、「座布団一枚！」の声が欲しい気分です。実際、おしゃべりの中で複雑な人間関係などが話題になったとき、「複雑すぎる」「混乱する」と言うと話し手はいらいらするかもしれませんが、「頭がこんがらかる……」なら座がなごみます。

残念ながら、この言葉の語源ははっきりしません。でも、古い用例が多い「こぐらかる」よりも、最近使われている「こんがらかる」のほうが、よりややこしい発音であることから、一つの想像が膨らみます。それは、遠い昔、この言葉の原形を使っていた人々が、はっきり意識しないまでも「発音と意味が一致するおもしろさ」に気づき、以後は、そのおもしろさを際立たせたいという願望が、発音をよりややこしいものにしてきた、という想像です。たわいない空想ですが、たくさんの先人たちの遊び心がこんな言葉を生み出したと思うと、発音するのがさらに楽しくなります。

朝っぱら

「朝っぱら」は「朝」のくだけた言い方です。でも、どんな場合でも「朝」の代わりとして使えるわけではありません。たとえば、「なんて爽やかな朝っぱらだ！」とは言わない。たいていは、こんなふうに使われます。「えっ、朝っぱらから荷物運び？」「朝っぱらから大声を出すんじゃないよ」「朝っぱらから何の騒ぎだ？」

つまり、朝早く誰かがおこなっている行動について、まだそれに適した時間ではないと感じている人が、批判や叱責の中で使うケースが多いのです。だから私は数年前まで、朝っぱらとは、人々がまだ十分に目覚めておらず、それゆえ「本格的な活動には不向きな時間帯」としての早朝のことだと思っていました。「ぱら」の部分は、その静かさを「朝の原っぱ」にたとえているのだろう。そんなふうに感じていました。

ところが、たまたま読んだ国語学の本にこう書かれていたのです。「もともとは、朝食前のすきっ腹のこと。それが朝食前の空腹時や早朝という意味になった」。つまり、本格的な活動には不向きな時間帯としての早朝、というとらえ方は間違っていなかったわけですが、不向きの理由は、十分に目覚めていないことではなく、空っぽの腹だったわけです。

そうと知ったときには、思わず笑いました。町じゅうのみんなが空腹で不活発、そんな早朝の情景がちょっと滑稽に思えたからです。でも、次の瞬間には、自分の体が突然、時空を超えて江戸の長屋に移動し、落語に登場する熊さんや八っつぁんに「おめえは何もわかってねえなあ」と言われているような気分になりました。

「俺たちは、おめえたちみたいに夕飯のあとに菓子をむしゃむしゃ食ったりしないから、朝になると腹が空っぽだ。朝飯を食うまでは力なんて出ねえよ」

そして私は、小学校時代に行った山小屋での合宿の、夜の長さ、朝の空腹感を思い出し、生まれて初めて、昔の人々への親しみを「体感」しました。

そう、昔の人々にとっての「朝」は、まったく様子の違う二つの時間に分かれていたのです。一つめは、目は覚めたけれど空腹で力が出ない、朝食までの時間。これが「朝っぱら」です。でも、朝食さえすめば、そこからは、仕事をおこなう一日の前半部としての元気な朝が始まるのです。この二つの朝の違いは、飽食の時代を生きる私たちが感じる朝食の前後とは比べものにならない、大きなものでしょう。だからこそ、「朝っぱら」という言葉が生まれ、また、非常に簡単な仕事を「朝飯前」と言う習慣もできたわけです。「腹ごしらえ」という言葉も、昔の人々が食事を「活動のエネルギー源」として強く意識していたことを教えてくれます。逆に言えば、それぐらい「空腹」が身近にある生活だったのです。

「朝っぱら」のもとである「朝はら」という語が生まれたのは室町時代で、朝食前を指すようになったのは江戸時代。そのころは津々浦々の人々がほぼ同じ時間に朝食をとり、そろって一気に元気になっていたわけです。その様子を思うと、なんだか朝食が神々しく見えてきます。

みるみる

ビニール人形のゴリラの栓を抜くと、みるみるしぼんで小さくなった。

彼女の顔は、みるみる赤く染まった。

空がみるみる暗くなった。

これらの文にあふれる臨場感は「みるみる」という副詞のなせるわざです。言い換えるとすれば「どんどん」や「ぐんぐん」でしょうが、描写の深み、味わいという点で「みるみる」にはとてもかないません。いまだから白状すると、私は学校時代、作文でやたらとこの言葉を使っていました。この一語があれば名文っぽくなるからです。

構造は単純で、「見る」という動詞を二回並べただけ。似た言葉としては、「恐がる」という意味の動詞「おず」を連ねた「おずおず」がありますが、こちらの場合、「おず」の主語と「おずおず○○する」主語は同じ。でも「みるみる」では、「みるみる○○する」のは物や状況で、「見る」主体である人の存在については語られていません。が、「見る」という言葉があるので「誰かが見ている」雰囲気が醸し出されます。この

「誰かが見ている」感じが、名文の雰囲気を生むのでしょう。

また、「みるみる」という流れるような発音がもたらす効果も見逃せません。「見る」が二つ連なるのだから「二度見る」という意味になりそうなものですが、「みるみる」という語の流麗さ、スピード感がそれを許さないのです。だから、二度見ているはずだけど、いったん視線をそらしている感じはしない。

その結果、伝わるのは、私たちが一点を見つめながら「お、お、お、お……」と、微妙に異なる静止画像を次々に見ているかのような反応を示している様子です。つまり、非常に速く変わるものを凝視するとき、私たちはカメラの連写のように、〇・二秒ぐらいの間隔で区切って変化の様子をとらえている感覚になる、その感じを「みるみる」の一語で表現できるのです。

「みるみる」は、こんな語句。たった四音で、詩才、文才のない者を作家にしてくれる嬉しい言葉です。

コラム 挨拶の言葉②

「行ってきます」と「行ってらっしゃい」

「ここに帰る」を確認し合う

家族の誰かが外出するとき、多くの家で交わされる「行ってきます」「行ってらっしゃい」という挨拶は、一見、どうということのないやりとりのようですが、実は大切な役割を果たしている言葉です。

注目すべきは、「行く」ことについての会話でありながら「戻る」ことにもさりげなく触れていることです。そうかなぁと思われるかもしれませんが、いま仮に、あなたが実家を出ることを望んでいた若者だとしたら、一人暮らしの部屋に移る際、「行ってきます」とは言わないはず。いっぽう親御さんの胸に、もっとあなたと一緒にいたいという思いがあれば「行ってらっしゃい」と言いそうです。それは「行ってきます」も「行ってらっしゃい」も、もとになっているのが「行って来る」という言葉で、この「来る」は「戻って来る」ことだからです。私たちが外出のたびに「行ってきます」「行ってらっしゃい」と言い合うことは、それとなく「ここに帰るよ」「ここに帰ってね」と言い合うこと。言い換えれば「私たちは家族だよね」という確認になっているのです。

挨拶自体が敬語になっている

また、「行ってきます」と「行ってらっしゃい」が一対の挨拶であることも重要です。これは、「ただいま」と「お帰りなさい」にも言えることですが、こうした一対の挨拶は、それを交わす家族に「役割の交替」を意識させることになるからです。

たとえば、朝は子どもが「行ってきます」の声とともに学校へ行き、親は「行ってらっしゃい」と見送ったけれど、午後は親が「行ってきます」で子どもが「行ってらっしゃい」、そんな状況が頻繁に訪れます。すると子どもは、親が自分に言った言葉を、今度は自分が親に言っていることを何となく心地よく感じるのです。それは、やや大げさに言えば「親になった気分」だから。そして、そうした「役割の交替」を感じる経験を繰り返すと、親子であっても百パーセントの上下関係ではなく、互いを支え合っている雰囲気が生まれ、その空気が家族の信頼関係を強めるのです。

さらにもう一つ、つけ加えるなら、「行ってらっしゃい」は、当たりまえの挨拶でありながら「いらっしゃる」という敬語を含む優しくて温かい言葉。穏やかに言うことさえできれば、笑顔や声の抑揚を伴わないぼそっとした言い方でも、家族への愛情を示すことができます。仕事が忙しくて家での会話が少ないお父さん、反抗期の子どもたち、家族の外出を見送る場面を大切にしましょう。

四章

大和言葉の哲学

日本語の単語には、
日本で生まれた「大和言葉」、中国伝来の「漢語」、
中国以外の国から伝わった「外来語」の三種類があります。
この中で唯一、外国の影響を受けていない大和言葉は、
まさに日本人の心が生んだ言葉であり、由来や語源をひもとくと、
日本人ならではの感性や知恵を数多く見つけることができます。
その多くは、私たちが自分の生き方を見つめ直す助けとなるもの。
たった一つの言葉が、
人生観や世界観を変えてくれるかもしれません。

おおやけ

私たちの生活は漢語なくしては成り立ちません。たとえば交通に関する話なら、自転車、自動車、電車、飛行機。政治に関することなら、首相、内閣、国会、選挙。これらはみんな漢語です。明治以降、日本人は雪崩のように入ってくる西洋文明の産物について、そのほぼすべてを漢語の形で表現する、という受け入れ方をしたからです。

漢語には、複数の漢字を連ねれば即座に新しい概念を表現できる、という長所があるので、舶来の文化や思想を表現したいときにはとても重宝。それに対して日本固有の言葉である大和言葉は、いわば時間をかけて熟成されるタイプの言葉なので、翻訳の場面ではほとんど出番がありません。だから、民主主義、自由経済といった西洋発祥のことがらについて論じようとすると、いやでも漢語ばかり使うことになります。日本人の議論がなんとなく頭でっかちで硬い感じになりがちなのは、こんなところに原因があるのかもしれません。

そんな中、数少ない例外として輝きを放つ大和言葉が「おおやけ」です。

「公共の」「国家の」という意味の「public（パブリック）」という英語は、近代の国や社会のありようを考える際に柱となる大切な用語ですが、たいてい「おおやけの」と訳されます。大和言葉による訳語が定着しているのです。ちなみにパブリックの対義語で「個人の」「私有の」を意味する「private（プライベート）」の訳は「わたくしの」で、これも大和言葉です。私たちはこの二つの大切な概念については、日本固有の言葉、大和言葉を使って思いを巡らすことができるわけです。

でも、なぜ、西洋社会との直接的な交わりをほとんど持たずに歴史を育んできた日本に、パブリックの受け皿となる「おおやけ」という言葉があったのか。実は、「おおやけ」のもともとの意味は「朝廷」です。たとえば古代の貴族は、朝廷に出仕《しゅっし》して租税徴収などの仕事をおこない、いっぽうで自分の荘園からも年貢を取り立てて個人の収入にしていたので、この二つをきちんと区別する言葉が必要でした。そんな状況で「おおやけ」「わたくし」という対の言葉が生まれたと考えられます。

その後、武士の時代になると、「おおやけ」は幕府を指すようになります。つまり、昔の人々にとっての「おおやけ」は「中央官庁」という程度の意味でした。西洋の「パブリック」よりもずっと狭い概念です。

しかし、おもしろいのはその語源です。「おお」は「大きい」という意味ですが、「やけ」とは何でしょう。名字によくある「みやけ」を思い出してください。漢字表記は「三宅」であることが多いはずです。「やけ」に「宅」の字が当てられていることでわかるように、「やけ」とは家のことで、「おおやけ」の本来の意味は「大きな家」なのです。

これは、古代の朝廷の建物がほかの建造物より大きかったことを意味するだけで、それ以上の思想を読み取るのは間違いでしょう。でも、私たちの心を大いに刺激してくれる語源です。「おおやけ」とは「大きな家」なんだ、と思うとき、私たちの心に浮かぶのは、日本国民全体が一つの大きな家に住んでいる、というイメージ。あるいは、世界中の人々が一つの大きな家で暮らしている図です。このイメージを心に持ちながら「おおやけ」という言葉を使えば、私たちはより真剣に、そして他者への思いやりを失わずに、議論や思索をおこなえるように思います。

表《おもて》

十円玉はどちら側が表でしょうか、というのは、誰もが一度は耳にするクイズ。正解は、平等院鳳凰堂が描かれているほうです。硬貨は「日本国」と記されている面が表と定められているからです。

これがクイズになるのは、見ただけではどちらが表か判断できないから。つまり、十円玉の表と裏は、私たちの感覚から自然に生まれる区別ではなく、作る側が勝手に設定した概念です。産業社会に生きる私たちは、これと同じように、品物の説明などで正確な意思疎通を図るために決められた「表」「裏」と出会う機会が多いので、「表」「裏」という言葉は、A、Bと同じような「符号」になってしまっている感があります。

でも、「表」という言葉を分解すると、まったく異なる風景が立ち上がるのです。「おも」は「面長」や「面影」の「おも」で「顔」のこと。「て」は「上手《かみて》」「山の手」などの「て」で、「○○の側《がわ》」という意味でしょう。つまり、「おもて」という言葉が生まれたとき、それは、目の前にあるもののさまざまな部分の中で「私の顔と向き合っている部分」という意味だったと思われます。この言葉を使い始めた昔の人々は、ほとんど人工物のない世界で暮らしていたわけですから、おそらく、それは木の葉や樹皮、動物の毛皮、貝殻などについて語る言葉だったでしょう。私たちの祖先はそうしたものを扱う際にも「対面」の意識を持っていたことが想像できます。

それに対して、対義語の「裏」は、「胸の奥にある心」という意味の古い言葉「うら」から来ていると言われています。この言葉はもう使われていませんが、その意味をいまに伝えるのが「うらがなしい」「うらさびしい」という言葉。それぞれ、「胸の奥」で感じる悲しさ、寂しさを表しています。私たちの祖先は、木の葉や貝殻などの「ふだんは見えていない面」を「胸の奥」のように感じていたわけです。

日本人は、自然界にあるすべてのものの中に魂を感じていたと言われ、「万物有魂」「アニミズム」といった言葉で説明されますが、そうした用語を知ったところで先祖たちの心のありようは伝わりません。でも、私たちがふつうに使っている「表」「裏」という言葉がこのようにして生まれたと思うと、その信仰の温かさを感じることができます。

二十一世紀を生きる私たちにとって、こうした信仰は生活の全般に取り入れられるものではありません。が、葉っぱや貝殻が目に入ったとき、それが「表」なら「こちらを向いている側」、「裏」なら「胸の奥の側」と意識することは、暮らしに潤いをもたらしてくれるはずです。

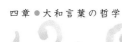

いろいろ

「いろいろ」は古代から今日まで長く使われている言葉ですが、途中で意味が変化しており、さまざま、多種多様という現在の意味が定着したのは、鎌倉時代あたりと考えられています。もともとはどんな意味だったのかといえば、そうです、文字通り、色がたくさんあることでした。山が複数ある様子が「やまやま」、大勢の人が「ひとびと」であるように、色が何種類もあることが「いろいろ」。『万葉集』や『古今和歌集』では、もっぱら花の色が何種類もある様子を「いろいろの花」と歌っています。多種多様という意味で多く用いているのは「くさぐさ」です。

この話は、特に驚くようなものではありません。わかりやすい語源です。わかりやすいということは、容易に意識できる、ということ。そしていったん意識すると「いろいろ」が美しく変化します。

たとえば「お店にいろいろな品物があった」と聞けば、色とりどりの商品が並ぶ華やかな店の様子が浮かぶし、「彼女にはいろいろな面がある」と教えられた場合も、その多様性に明るさや魅力を感じることができます。「多くの種類」という抽象的な概念でしかなかった「いろいろ」が、ひとそろいの色鉛筆のような美しいイメージを帯びて、その「多くの種類」を鮮やかに塗り分けるからです。単なる言葉の遊びと言ってしまえばその通りですが、私はこの遊びのおかげで「多くの種類」があることを素直に喜べるようになり、最近は、それが生きものの本性から来る感覚であるような気がしてきました。

もちろん、世の中には交通標識や競技のルールのように、多様であっては困るもの、きちんと統一されるべきものも多くあります。でも、より広い視野で世界を見渡せば、多様であることが「恵み」と思えるものがいかに多いか。たとえば、森や海の生態系や、世界各国の文化や、人々の個性。これらが多様性を失った画一的な世界はどれほど寂しく、生きづらいことでしょう。

ストレスの多い社会に生きる私たちは、ともすれば自分の好きな人や物だけに囲まれていたいという思いに駆られますが、それは、出会うはずだった幸せを遠ざけることかもしれません。多種多様という意味の奥に「何種類もの色」という美しいイメージを宿す「いろいろ」は、折に触れてそのことを思い出しなさい、と私たちに呼びかけている気がします。

みずみずしい

　宇宙の彼方の星に接近した探査機が最も力を入れて調べること。それは、水が存在しているか否かです。なぜなら、水があればそこに生命が存在する可能性があるから。そんなふうに、水は生命にとって、その根幹を形作る物質です。

　植物は光合成によって水と二酸化炭素から炭水化物を作り、動物はそれを栄養として摂取。その動物も生命活動の多くを水に頼っています。私たち人間の場合、体重の約六十五パーセントは水。この数字が下がると血液の流れは滞り、老廃物の排出や体温調節などもできなくなって命が終わります。命とは、体の外から内へ、内から外へとさまざまな物質が流れ続けることであり、この流れを担うのが水なのです。

　では、大昔の人々は水をどう見ていたか。もちろん、はじめは生きものの本能として欲していただけでしょう。でもやがて、自分たちが美しいと感じるものと水の深い関係に気づいたはずです。なぜなら、森で喉が渇いたとき自然に手が伸びるのはつやつやと美しい実や葉であり、それをかじると、しなびたものよりもずっと多くの水を得られるから。また自分たち人間も、病気や日照りの苦しみから脱して健やかさを取り戻すと、肌のつやが戻って美しくなるから。そうした経験を通して、生きものの肌や表皮のつやつやとした美しさは、その内側にある水が命を順調に営んでくれていることの表れだと知ったことでしょう。

ここまでは容易に想像できます。驚くべきはこのあと。日本列島に暮らしていた私たちの先祖が、この特別な美しさを極めてシンプルな言葉で表現したことです。すなわち、「命」「潤い」「美しい」といった言葉をすべて省いて、たった一語で言ったのです。「みずみずしい」と。

それは、「みず」という言葉を二度言ったあと、「……のようだ」という意味の「しい」をつけただけの実に素朴なものです。でも、なんと鮮やかな表現でしょう。この言葉を口にする人、聞く人は、繰り返される「みず」という音にたっぷりの水を感じます。しかし「しい」がつくので、水が前面に出ているわけではなく、内側からその存在を輝かせていることを感じとり、そこに「命の輝き」を見いだします。

私たちは何の気なしにこの言葉を口にしますが、そのたびに「水」と「命」と「美」の本質的なつながりを言い表しているのです。

謎《なぞ》

大学時代、私はあまり勉強しないダメ学生でしたが、一度だけ「自分が賢くなった」と思う瞬間がありました。それは、学生食堂で昼食を食べていたときです。

その直前に受けた授業で、教授がこんなことを言いました。「客観的な謎というものは存在しない。謎とは、私たちの頭の中にあるものだ」。私はどういう意味か理解できなかったので友人に聞くと、こんなふうに説明してくれました。

この世の中はわからないことだらけだ。たとえば、人はなぜ眠るか、なぜ言葉を使うのか、なぜ耳は顔の横にあるのか、ほとんどの人は説明できない。でも、みんなそれが当たりまえだと思っているから、何とも思わずに暮らしている。ところが人間はおもしろい生きもので、ある日突然、疑問が湧くことがある。考えてみれば、人はなぜ眠るのだろう。人はなぜ言葉を使うのだろうと、これまで当たりまえだと思っていたことについて好奇心を抱く。すると、その瞬間、それが「謎」として意識される。要するに、「謎」とは個人の好奇心が生み出すものであって、客観的に存在しているものではない――。

私は深く感心し、この哲学的な真実を理解した自分について、ひとり大人になったと感じたのでした。

ところが、それから数年後、国語関係の本を読んでいたところ、「謎」という語の語源についての説明に出会ったのです。それはこんな内容でした。

「謎」は、言葉遊びである「なぞなぞ」から生まれた言葉。かつて、なぞなぞをして遊ぶときは、問いを出したあと、「答えは何だ、何だ?」という意味の「なんぞ、なんぞ」という呼びかけをするのが決まりで、これが縮まって「なぞ、なぞ」となり、この「なぞ」が「不可解なこと」という意味の名詞として独立した。

なんということでしょう。大学教授に話を聞いたり友人に教わったりしなくても、「謎」という言葉自身が真実を教えてくれていたのです。「謎」とは「何だ?」という好奇心であると。

めずらしい

年代物のジーンズの愛好家、人形の蒐集家《しゅうしゅうか》と三人で食事をして、ちょっと気分が沈んだことがあります。二人が「めずらしいもの」の自慢をするのに、コレクションがない私は聞くばかりだったからです。二人と別れたあとは、「めずらしいものなんてなくていい。博物館に行けば見られるのだから」と心の中でつぶやきながら家路につきました。ところが、その後、そんな強がりを言わなくてもいいことに気づいたのです。

辞書で「めずらしい」を引くと、動詞「めづ」が変化した形容詞、と書かれています。「めづ」は、現代の言葉にすれば「めでる」。「月をめでる」「花をめでる」の「めでる」で、愛し、称賛することです。つまり「めずらしい」のもとの意味は、ただ「称賛に値する」ということ。えっ、という感じですよね。

でも、はるか昔の暮らしを思ってみてください。中世以前の世界は人工の品が非常に少なく、『枕草子』が「春はあけぼの」で始まることからもわかるように、鑑賞して楽しむものの中心は自然の景物《けいぶつ》や人々が織りなす情景などです。そうした、いわば当たりまえのものにも美を見いだせる鑑賞の達人たちは、わずかでもほかと風情が異なるものを見つけたときには、宝物を見つけた気分で、それについて「称賛に値する」、すなわち「めずらしい」と言っていたのです。が、聞く側にしてみれば、それは「めったにない」と言っているようにも感じられる。そんな会話の中で、「称賛に値する」に「希少」のニュアンスが加わり、現在の「めずらしい」の意味が生まれたのでしょう。

この語源は、蒐集品のない私のような人間を大いに励ましてくれます。自分の身の回りのさまざまな事物に興味や愛情を持ち、その趣を味わう生活さえしていれば、本来の意味で「めずらしい」ものをいくらでも楽しめる、ということだからです。

考えてみれば、周囲がいくら「希少価値がある」と言っても、自分が心を惹かれないものについて「めずらしい」という言葉が湧きあがることはありません。たとえば、科学者が小さな虫を見つけて「模様の渦巻きがふつうと逆だ」と言っても、多くの人は「へえ」と応じるだけでしょう。でも、昆虫マニアの少年は「めずらしい！」と叫ぶかも。「めずらしい」ものを生むのは、私たち一人一人の心なのです。

前《まえ》

目に関する言葉を挙げていくと、「ま」から始まるものが多いことに気づきます。目を閉じるときのふたは「まぶた」で、目のそばの毛は「まゆ」と「まつげ」。目をぱちくりさせる動作は「まばたく」あるいは「またたく」です。これはもちろん偶然ではなく、当初は「め」と言っていたのが、発音しやすい「ま」に変化した結果と考えられています。目とは無関係ですが、雨《あめ》のあとに音《おと》がつくと「あまおと」になるし、爪《つめ》の先《さき》も「つまさき」。日本語の世界で「め」と「ま」は入れ替わりやすい音なのです。

だから、「まぶた」「まゆげ」「まばたく」などは、そのルーツを考えれば「めだま」や「めじり」などと同じく「目から始まる単語」の仲間と言うことができます。そして、実は、このグループをよく調べると、ちょっと意外な言葉が隠れているのです。このページの表題は「前」なので、もうお察しですね。そう、「前」です。

いまは「まえ」と書きますが、古くは「まへ」でした。「へ」は方向、方面という意味の古い言葉で、山のあたり、海のあたりを言う「やまべ」「うみべ」の「べ」や、人が行く方向という意味の「ゆくえ」の「え」は、この「へ」が変化したものです。そして「ま」は目という意味ですから、「前」とは「目の方向」です。言われてみれば、その通りですね。

自信を持ってこの語源をお伝えできるのは、「まえ」の対義語として「しりえ」という言葉が存在し、『万葉集』の和歌などで使われているからです。「しりえ」とは「尻の方向」という意味。これが「まえ」と対になっているのだから、「前」のもともとの意味が「目の方向」であることは明らかです。

時代が下ると「しりえ」は使われなくなり、「前」の対義語は「うしろ」に。そして、この「うしろ」は語源がはっきりしません。そのため「前」の語源もほとんど意識されなくなっているわけですが、これはもったいない話です。すがすがしいほどにわかりやすい語源なのですから。人を励ますときに、よく「前向きになれ」などと言いますが、その必要はないということです。いま、私たちが見ている方向が「前」なのです。

こころなし

私たちは学校で「物事は客観的に見るべき」と教わりました。もっともな教えだと思います。幼いころは、自分の見方、感じ方がすべて。たとえ気温が五度で、家族みんなが「寒いね」と言っていても、幼い子は、自分が運動した直後で体がほてっていれば「え、すごく暑いよ」と言い張ります。そうした、いわば「自分の感覚」至上主義から抜け出て、より普遍的な理解を重んじる心を持つことが、おとなになることです。

でも、一つ問題が残るのです。それは、自分の感覚の中のちょっと疑わしい部分をどう扱えばいいのか、ということ。たとえば、嬉しい気分で見上げた空が「いつもより青かった」、あるいは、感謝の念を抱きつつ見た父親の背中が「昨日より大きい」。そんなとらえ方は、客観的に見れば正しくないかもしれませんが、「間違い」と切り捨てがたいものがあります。

また、心理学の知見によると、そもそも人の脳や感覚器は正確なセンサーではなく、生命活動の効率のために情報を変形、編集している、とのこと。地平線に近い月が頭上の月より大きく見えたり、黒いものが同じ大きさの白いものより小さく見えたりするのは、そうした編集の結果なのだそうです。つまり、万人が同意する感覚を重んじても、それが客観的に正しいとは限らないのです。

随分と堅い話になってしまいましたが、こんなことを述べたのは、この大問題をさらりと解決してくれる素晴らしい言葉があるからです。「彼女は病みあがりで、こころなしやせていた」「別れるとき、彼の目はこころなし潤んでいた」といった形で使われる「こころなし」という言葉が、それです。漢字で書くなら「心為し」で、「心が為すところかもしれないが」という意味。「自分の心が勝手にそうとらえているだけかもしれないが、とにかく、自分にはそう感じられた」というニュアンスを伝えたいときに使う言葉です。

つまり、この一語を入れて「こころなし○○だ」と言うだけで、自分には○○に見えること、しかし錯覚の可能性もあること、さらに、自分の内側にはそうした錯覚を起こしやすくする知識や先入観があることまで伝えられるのです。なんと便利な言葉でしょう。

それだけではありません。これらをさりげなく伝えてそれ以上のコメントをせず、そのまま話を続けることは、言ってみれば「私たちの知覚や感覚には錯覚が伴うという認識をみんなで共有しつつ、そんな錯覚も全否定せず、語り手の心を表現する手段としての価値を見いだしていこう」という姿勢を見せることでもあります。より俯瞰的に言えば、客観的事実と個人の感覚を混同しないよう気をつけながら、どちらも大事にしたい、という考えの表明。これぞ知性と情緒のバランスがとれた、本当のおとなという感じですね。

「こころなし」という言葉を使い始めた先人たちは、おそらくこんな理屈は考えなかったでしょう。でも、実は、錯覚をどう扱うべきか、という重要な問題の答えを、たった一つの言葉を作ることで示してくれていたのです。

ほのぼの

あなたが「ほのぼの」とした気分になるのは、どんなものを見たときですか。私の場合、まぶたに浮かぶのは、明るい陽光の下で牧草を食べる牛や、手をつないで歩く老夫婦。共通するイメージは「ぬくもり」でしょうか。でも、よく考えると「ほのぼの」という語を重ねた言い方であり、「ほの」は「ほのか」や「ほの白い」の「ほの」。光や音などが少量であることを示す言葉です。それを繰り返すと、なぜ「ぬくもり」が生まれるのでしょう。

謎を解くヒントを国語辞典の「ほのか」という語の例文に見つけました。「雲間からほのかに日が差す」「ほのかな香りがする」「ほのかな恋心を抱く」のように、詩的な美しさを感じるものばかりなのです。比較のために、ほぼ同義である「わずか」に置き換えて「わずかに日が差す」「わずかな香り」「わずかな恋心」とすると、そこに漂うのは「ものたりない」あるいは「もっと欲しい」感じ。それに対して「ほのか」は、より多くを望む心よりも、「日」や「香り」や「恋心」が少量であることで生まれる美しさを味わおうとする思いが勝っています。

「ほんのり」も「ほの」から派生した言葉ですが、「頬がほんのり赤くなる」といった例文からは、やはり「量が少ないからこそ生まれる美しさ」が漂います。つまり「ほの」とは、少量の光や音などを受けとめた私たちが、少量であるがゆえに生まれる美しさを感じたときに使う言葉なのです。だから「ほの」を繰り返す「ほのぼの」も、刺激が少量であると感じつつ、それを肯定的に見る言葉になるわけです。

　実際、古い用例を見ると、日の出前のうっすらと明るい空の様子を「ほのぼの」と表現する文が多くを占め、それはまさに光の量の少なさが生む美しさの描写。時代が下るにつれ、他のさまざまな情景についても「少量の刺激から生まれる美しさ」を感じたときに「ほのぼの」を使うようになったようです。

私の場合、牧草を食べる牛や、手をつないで歩く老夫婦の情景が、まさにそうした美しさを感じさせるのです。それは決して驚いたり胸を揺さぶられたりする光景ではなく、心が受ける刺激はごく少量。にもかかわらず、じんわりとにじみ出るような美しさを感じ、心が温まる。そんな心理状態を表すのにぴったりなのが「ほのぼの」というわけです。

この解答を得て、私はこわさも感じました。私たちにはさまざまな欲があり、それが成長や進歩を生むわけですが、貪欲になりすぎ、あらゆるものについて「少しでも多いほうがいい」と感じるようになると、人生から「ほのぼの」が消えてしまうのですから。逆に言えば「ほのぼの」している間は、欲が膨らみすぎず、心のバランスが保たれている、ということです。そんなふうに考えたら、「ほのぼの」という言葉は「少量だからこそ美しいものもある」ことを知った先人たちが遺してくれた、優しい「悟りの言葉」のように思えてきました。

○○ごこち

「ここち」は古代からある言葉で、「心持ち」が縮まった語とも言われます。古くは「心」と同じように、精神、気分、思慮分別といった多様な意味で用いられましたが、その後、使用する場面が減り、意味の幅も狭まりました。が、先人たちはそんな「ここち」に、「心」にはない特別な役割を与えます。それは、人の行為を表す動詞と結びついて「○○しているときの気分」という意味の「○○ごこち」という複合語を作ること。「酔う」につけば「酔いごこち」、「夢見る」なら「夢見ごこち」といった具合ですが、特に注目したいのは、「衣食住」の「衣」と「住」に関する動詞と結びついたときに発揮される不思議な力です。

たとえば、「着る」と結びついた「着ごこち」や「住む」と合わさった「住みごこち」。もし「ここち」にこの用法がなかったら「着ているときの体感」「住んで受ける感じ」などと言うところでしょうが、そうした言い方と比べ、この二語が表すイメージのなんと豊かで実感に富むこと。それはおそらく、これらの言葉が見事に短く、美しくまとまっていることから生まれるものです。すなわち、生身の体とそれを取り巻く事物との接触を表す「着る」「住む」などの動詞と、内なる心の状態を意味する「ここち」という単語が一体になっている、この言葉の構造そのものが、「心と体と環境は不可分のもの」という洞察を私たちに伝えるのです。

私たちは「着ごこち」や「住みごこち」といった言葉を使うたびに、この鋭い洞察を無意識に再確認しているわけで、その際に心に湧く「真実をとらえる快感」がこれらの言葉に豊かなイメージを与えているのでしょう。

そのため、「○○ごこち」のあとに「いい」という形容詞が続くと、ほかの言葉では表現できない独特の幸福感が生まれます。たとえば「住みごこちのいい家」の「居ごこちのいい部屋」で暮らすことは、いかにも幸せそう。そこに「座りごこちのいい椅子」と「寝ごこちのいいベッド」があり、外出時には「着ごこちのいい服」と「履きごこちのいい靴」を身につければ、もう完璧という感じですね。それは、いわば「生きごこちがいい」ということ。もちろん、そんな言葉はありませんが、もしあったならば、いつも心と体と環境がうまく調和していることを示すこの言葉は、「幸せ」の定義の一つになるはずです。

ささやか

「ささやか」は不思議な言葉です。「ささ」は、小さく、細かいこと。「やか」は、「かろやか」「のびやか」など多くの言葉に共通する「～である様子」という意味の語尾。だから「小さく細かい様子」という意味になるわけですが、小さなゴミを「ささやかなゴミ」とは言いません。「ささやか」には、その小ささが好ましく感じられる、というニュアンスがあるからです。なぜそうなったかはわからないのですが、同じ「ささ」から生まれた言葉には「ささめ雪」「さざれ石」「ささやく」などがあり、どれも詩や歌に合う言葉。日本人は「ささ」という音の響きが好きで、長い年月の中で、その感覚が意味に忍び込んだ可能性を感じます。

そしていま、この不思議な性質ゆえに、「ささやか」は私たちにとって大切な言葉になっています。

私たちはたいていの物事について、より高額、豪華、盛大なほうを上等と見なし、そこに幸福のイメージを重ねています。たとえば、贅を尽くした華やかな披露宴は幸せの象徴だし、都心の高級マンションで暮らす友人がいたら「幸せだね。うらやましい」などと言います。

が、同時に、まったく違うタイプの幸福があることも感じています。ごく小さなパーティーだったけれど、あの楽しさは忘れられない、という宴もあるし、狭いアパートでも自分の好きな本や思い出の品などを並べて「最高に幸せな空間」を作ることもできるからです。

では、どちらの幸福を追えばいいのか。実は、どちらにも弱点があります。前者の場合、どれほど上等なものを得ても上には上があって欲望が尽きず、後者は、みんながそうした幸せを追うと社会から活気が失われ、景気が冷え込みます。それでもいいじゃないか、と言う人もいますが、私たちには国や民族などの集団単位で競い合う、という一面があり、隣の集団が自分たちより繁栄しているのを見ると、悔しくて心穏やかに暮らせません。人間とは厄介なものですね。

となると、大事なのは一方に偏らないこと。二つの幸福をバランスよく追いながら生きること、と言っていいでしょう。そして、それができていることを感じさせるのが「ささやか」という言葉なのです。

先ごろ、息子さんの結婚が決まった友人から「ささやかな宴を催します。ぜひご出席ください」という招待状をもらいました。この「ささやか」からは、まず謙遜の心が伝わります。すなわち「盛大な祝宴をしたいところですが、自分にはできないので……」という気持ち。その背後にあるのは、豪華で盛大な宴を上等と見なす第一の幸福観です。でも、「ささやか」には「好ましい」ニュアンスがあるので、「小規模であっても、みんなが楽しめて心に残るようなパーティーになるはず」という、第二の幸福観に基づく自信のようなものも伝わるのです。

同様に、「ささやかに暮らしています」「趣味の○○がささやかな楽しみです」といった言葉も、謙遜と自信の両方を伝えます。その言葉を受け取った側は、発した人が二つの幸福観をバランスよく持つ人間だと感じ、好意や尊敬の念を抱かずにはいられません。なんとユニークな言葉でしょう。

真心《まごころ》

友だちが親身になって相談に乗ってくれたとき、あるいは、旅先で温かいもてなしを受けたとき、私たちは「真心を感じた」「真心が込もっていた」と言います。このことからわかるのは、「真心」という言葉が、相手の幸せを願う心、相手に尽くす心といった意味で使われていること。

でも、「真心」という単語のどこにも、そのような意味を持つ部分はありません。「真心」は「心」に「真」がついただけの言葉であり、この「真」は「本当の」という意味です。「水」に「真」がついた「真水」は何も混ざっていない純粋な水。「真夏」「真冬」は、最も夏らしい、あるいは冬らしい時期のこと。だから「真心」のもともとの意味は、本当の心、最も心らしい心、ということです。

つまり、私たち日本人は「本当の心」という意味の言葉に「相手の幸せを願う心」という新たな意味を載せて使っているのです。おそらく昔の人々は、純粋な水がおいしいように、人の精神も、濁りやよごれを除けば、その本質には「相手の幸せを願う心」があるはずだ、と考えたのでしょう。本当にそうか、ということについては賛否があると思いますが、この表現が長く使われ続けている、という事実は、私たちに希望を与えてくれます。

どこかの時代で、多くの人が「明らかに違う」と感じたら、この使い方は消えていたはず。現代まで伝わっているということは、どの時代の人も、周囲との関係の中で「この人は私の幸せを本当に願ってくれている」と感じる体験をして、先人が「真心」という言葉に託した考えを受け入れてきたのです。

人間関係は難しいもの。ときには周囲の誰ともうまくいかず、人嫌いになりかけることもありますが、そんなときは「真心」という言葉が発する小さな声に耳を傾けましょう。きっとこう言っているはずです。「私はさまざまな時代を越えて生きてきた。それは大勢の人々が『この人は心の底から私の幸せを願ってくれている』と感じてきたから。人と関わり続けていれば、きっとあなたにもそのときが訪れる」と。

互《たが》い

久しぶりに高校時代の級友と会って話すうちに、「互い」という言葉をよく使うことに気づきました。彼の「微分積分では苦労した」という言葉に対して「それはお互いさま」。別れ際には「じゃあ、お互い頑張ろう」。こうした「互い」の意味は「どちらも同じように」といったところです。

でも、「互い」のもともとの意味は違います。辞書で「互い」を引くと、動詞「たがう」の名詞形とあります。「たがう」は「順序をたがえる」「約束をたがえる」などと言うときの「たがえる」の古い形で、その意味は「不一致の状態になる」こと。いまでも不和を「仲たがい」と言いますね。本来は「不一致」という意味の言葉を、私たちは「同じように」という意味でも使っているのです。一瞬、頭がくらっとしませんか?

なぜ、そうなるのか。AさんとBさんが並んで腕立て伏せをしながら、その回数を「1、2、3……」と読み上げている様子を思ってみてください。はじめは声がそろっていたのに、途中から少しずれる、というのはよくあること。こうした状態を私たちは「互い違い」と言います。「違い」も「不一致」を意味しますから、これは不一致であることを強調する言葉です。実は、二人は同じことをやっていて、不一致なのはタイミングだけなのですが、だからこそ、そこが気になる。それで、こういう言い方が生まれるわけです。

そして、腕立て伏せを終えた二人が「よく頑張ったね」と健闘をたたえ合うときも、二人の言動はほぼ同じですが、一つだけ一致しない要素があります。それは、Aさんがたたえる相手はBさんで、Bさんのほうは Aさんであること。「言動の向き」が逆です。そこで、それをはっきりさせたいとき、私たちは「互いを」たたえる、という言い方をします。

つまり、「互い」という言葉を使うのは、二者の間に不一致がある状況について話すときなのですが、それは一歩下がって広い視野で見れば、二者が同じことをおこなっている状況なのです。そのため、私たち日本人は、長い年月の中で、「互い」という言葉に「二者がそれぞれの立場で同じことをする」イメージを注入した、と考えられます。

これは、一つの単語の意味があいまいになることですから、正確な情報伝達のためには好ましくない現象。でも、ここから大事なことを学ぶことができます。

私たちは、二つのものを見比べるとき、まず不一致の要素に目をとめます。自分と他者を見比べるときは特にそう。でも、そもそも「不一致」が目にとまるというのは、そのほとんどが「同じ」だから、なのです。つまり、「不一致」と「同じ」は表裏一体。ちょっと見方を変えればまったく別の風景が見えてくるはずです。

慣《な》れる

著書に人生論のような文章を載せたせいか、若い人から相談を受ける機会が増えました。でも、悲しいかな、すぐにいい回答が浮かぶことはめったになく、たいていはがっかりさせてしまいます。ただ、私の中にはそのテーマが残るので、だいぶたってから私なりの答えを思いつく、ということがあります。

会社にうまく溶け込めないという二十歳の女性に聞かれた「慣れるってどういうことでしょう」という質問もその一つ。その女性はすでに会社に慣れてばりばり働いているので、ここで発表させてください。

「慣れる」とは、経験を重ね、さまざまな対応に習熟すること。それは誰もがよくわかっているのですが、この説明だけでは抽象的すぎて実感を伴いません。また、習熟の要領や方法を語る格言や比喩などもほとんどないので、彼女のように「慣れない」ことに苦しみ始めると、どうしていいかわからない、ということになりがちです。

そこで、もう少し具体的な「なれる」に置き換えてみましょう。それは「着慣れる」という言葉です。新しい服は、肌触りがごわごわ、あるいはちくちくして、着心地がよくないことがありますが、しばらく着ていると、そうした不快感が解消されて着やすくなる、それが「着慣れる」の意味です。この「着慣れる」ならば、私たちはその過程を思い描くことができます。

それは、ごわごわ、ちくちくの原因である直線的な繊維の出っ張りが引っ込んだり丸まったりして、肌を刺激しなくなること。以前、テレビ番組でその変化を写した顕微鏡写真を紹介していましたが、服を着る回数を重ねるたびに突起が目立たなくなり、肌を刺激する強さや回数が減るのがよくわかりました。この様子、すなわち「突起による刺激がなくなる」イメージで「慣れる」ことについて考えてみよう、というわけです。

と、まるで私が思いついたかのように述べましたが、実は、国語辞典に「慣らす」と「均《なら》す」はもともと同じ言葉と考えられる、という説明があるのです。「慣らす」は文字通り「慣れるようにする」こと。「均す」は凸凹《でこぼこ》をなくして平らにすることで、「グラウンドを均す」といった使い方が一般的ですが、数値や金額についても用います。

いま仮に「毎月の売上」を示す棒グラフを見ながらその平均値を求め

ている、としましょう。売上が多い、すなわち棒が長い月の「突き出た部分」を切り取って、売上が少ない月の「へこんだ部分」を埋める、という作業を繰り返し、すべての棒が同じ長さになれば、それが平均値ですが、そうした作業も「均す」と言います。つまり「均す」とは「突起をなくす」こと。そしてこの「均す」と「慣らす」が語源を同じくするのなら、「慣れる」という言葉も「突起がなくなる」イメージでとらえるべき、と思ったのです。

私たちが服を「着慣れる」ときは、服が私たちの体に合わせて繊維の突起をなくしてくれるわけですが、人が組織などに「慣れる」ときには、両者が相手の突起を受けとめられるようになる、と考えるほうが正確でしょう。個人は組織の習慣への対応を身につけ、組織の側も新たに加わった人への対応を獲得する、という二つの変化が起きているのです。

イラスト的に言えば、新入社員や転職した人は、会社のさまざまな「突起」を受けとめるための「へこみ」を自分の中に作り、いっぽう会社も、新たに入った社員の「突起」をうまく受けとめる「へこみ」を設ける。それが繰り返された結果、どちらも「突起」のせいで肌が刺激される不快感を覚えなくなる、それが「慣れる」こと。そんなふうに考えたらどうでしょう。

だから、よく言われる「慣れるまでが大変」という言葉は、まさにその通りです。両者が自分を変えなければならないのですから。でも、「慣れる」ことには嬉しいプレゼントがついています。「着慣れた」服は古くなっても捨てがたいもの。それは、私たちが「突起を感じない服」をまるで自分の体の一部のように感じ、深い愛着を抱いているからです。「慣れる」ことは、単に不快感が消えるだけでなく、自分という人間が自分の肉体を越えて広がったような心持ちを生むのです。新社会人の皆さん、転職した皆さん、どうか頑張ってください。

生《い》きがい

「努力のかいがある」「やりがいのある仕事」といった形で使われる「かい」は、万葉の時代からある、深い意味を持つ言葉です。漢字で書くと「甲斐」ですが、これは後世の当て字。語源については「代わり」の古い言い方である「代《か》い」と考える説が有力です。ある対象にエネルギーを注ぎこんだ、その「代わり」として得る「効果」や「報酬」がもとの意味というわけです。確かに「猛勉強のかいあって合格した」「説得のかいなく断られた」と言うときの「かい」は「効果」に置き換えられますね。おそらく、これが「かい」の始まり。でも、この段階ではごくふつうの言葉です。

ふつうでなくなるのはこのあと。私たちの先祖は、人間の心理に関する大切な発見をこの言葉に盛り込んだのです。それは、ほかの生物と同様、人間も効果や報酬という「主たる見返り」を求めて行動するけれど、その際の心のありように注目すると、ちょっとしたオマケにしか見えない「手応え」が大きな役割を果たしていること。たとえば、料理人も、看護や介護に携わる人も、報酬があるから仕事をするわけですが、「やってよかった」「明日も頑張るぞ」という気持ちを生み、結果として仕事の質を向上させるのは、客や患者に言われた「おいしかった」「今日もありがとう」といった言葉である場合が少なくありません。

昔の人々はこうした心理に注目し、こちらの意味でも「かい」という語が使われるようになりました。「おいしいと言ってもらえるので作るかいがある」「感謝の言葉があるからお世話をするかいがある」といった使い方です。この「かい」の意味は「手応えがあることで生まれる喜びや充実感」といったところでしょう。そしてこの意味を得た「かい」は、人間の行為を表す動詞と合わさって名詞句を作る役目を担います。「教える」と合わされば「教えがい」、「働く」なら「働きがい」といった具合です。

そして、先祖たちはさらに一歩進みました。日ごろの行為だけでなく、「生きる」という根源的な営みにおいても、人の心のありようを決めるのは「手応え」だと気づき、「生きる」にもこの「かい」をつけたのです。すなわち「生きがい」の誕生です。

こうして見てくると、「かい」という言葉の歩みは人間の心についての洞察の歩みであり、その中心にあるのは「手応え」が果たしている役割についての発見です。私たち人間、というと話が大きくなりすぎですが、少なくとも「かい」という言葉を大切にしている日本人は、小さな「手応え」から大きな喜びや充実感を引き出す力があるのです。

このことは、思うにまかせぬ人生に明るい光をともしてくれます。大きな影響力や大金を持たなくても、そうした小さな「手応え」を感じたり、逆に、周囲の人に感じてもらったりすることができれば、幸せを生むことができる、ということだからです。たとえば、老いや病気で寝たきりになったとしても他者の「かい」を生めるし、生み合うことで喜びや充実感の多い世の中を作れるのです。

正《ただ》しい

私たちは毎日のように選択を迫られます。仕事に打ち込むべきか、それとも余暇を楽しむべきか。おいしいものを食べようか、それともダイエットを心がけようか。そして、「どちらが正しいのだろう」と思案するわけですが、そう簡単に結論は出ず、そうなるとこんな疑問が湧くこともあります。「そもそも『正しい』って何なんだ?」。その答えを得るには、「正しい」という言葉の語源を知ることが助けになります。

「正しい」の「しい」は、「おいしい」「やさしい」といった多くの語に共通することからわかるように、形容詞を作るための台座のようなもの。意味を担うのはその前の「ただ」です。そして「ただ」だけを見つめていると、「ただ一人」「この品はただ」といった例文が浮かびますね。すなわち「唯一」あるいは「無料」という意味の「ただ」。一見、関係ない言葉のようですが、実は「ただしい」の「ただ」の源は、この二つと同じなのです。

「ただ」という語のもともとの意味は、「そっくりそのままで、はかの要素が入り込まない」ことです。確かに「ただ一人」とは「人が一人いて、ほかの人は入り込まない」状態ですね。いっぽう「無料」という意味にもなった理由については、店員と客のこんなやりとりを想像してください。店員が「この品をどうぞ」と差し出し、客は「おいくら?」。すると店員は「これをお渡しすることにお金という要素は入り込みません」という思いを表すために言うのです。「ただ受け取ってください」。そんな「ただ」の使い方から、「無料」という意味の名詞「ただ」が生まれました。

「正しい」も、同じ「ただ」から生まれた言葉。だから、もともとの意味は「そっくりそのままで、ほかの要素が入り込まない」ことです。

私たちが人の行動や発言などを評価するときには、必ずその土台に何らかの基準があります。伝統的には、経験則、学問の書、宗教の教え、村のおきてといった「規範」と見比べます。その結果「そっくりそのままで、ほかのものが入り込んでいない」と思ったときに使う言葉、それが「正しい」なのです。だから本当は「規範である○○に照らして正しい」と言うべきなのですが、近代以前の日本は、住人のほぼすべてが同じ規範に従う、いわゆる「村社会」が多数を占めていたので、この部分を省略しても問題がなかったのでしょう。

しかし、現代の日本は状況が異なります。私たちの心は多様な価値観の間で揺れていて、絶対と言える規範はありません。なのに、近代以前の発想が心を支配しているのか、あるいは学校時代に一つの正解を持つ問題ばかりを解いてきたせいか、「よく考えれば正しい答えが見つかるはず」と思ってしまいがちです。

それはゴールを決めずにゴールに向かって走るようなもの。迷ったときにまず考えるべきは、自分は何を規範とするか、ということです。そのうえで、その規範に照らして何が「正しい」かを思案する。それが、「正しい」の語源が授けてくれる思考法の王道です。

ゆるす

「ゆるす」のは、難しいことです。なにしろ、「ゆるす」かどうか考える、という状況は、その相手のせいで傷ついた心がまだ癒えていない状況だからです。癒えていれば「ゆるす」かどうかではなく、「今後はどう付き合っていこうか」と考えます。癒えていないから「ゆるす」という言葉が浮かぶ。でも、そんな心でゆるすことは自分の傷を広げることにつながりかねません。

しかし、人生の知恵を語る本や心理学の先生は「憎む相手をゆるすことで幸せになる」と語っていて、私たちはそこにも真実を感じます。誰かを憎んだり恨んだりすると、そうした暗い感情にエネルギーを奪われ、幸せな明日を志向する心を失うことが多いからです。だから、ゆるせるものならゆるしたい。けれど、難しいのです。

灯台下暗しとはよく言ったもの。「ゆるす」という言葉の中に処方箋があることに気づきました。きっかけは、ある辞書の中で、「ゆるキャラ」「ゆるす」「ゆるめる」の項目が並んでいるのを見たことです。そう、「ゆるす」の「ゆる」は、語源をたどれば「ゆるキャラ」や「ゆるめる」と同じ。「ゆるす」とは、「ゆるい」状態にすることなのです。

私たちはともすれば「許」や「赦」などの漢字を思い浮かべ、そこから裁判長や役人が何らかの許可を出すように「百パーセント承認する」イメージを抱きがちですが、「ゆるす」の本来の意味はそんな堅いものではなく、ぎゅっと絞っていた心の入口を少しゆるくする、ということ。だから、ある行為の正当性は絶対に認めないけれど、同じ相手による親切な言葉や真摯な行動も思い出してみる、あるいは、過去のあやまちを糾弾しつつも、それを繰り返さないよう努めている現在の姿勢は評価する、そんな心の広げ方も「ゆるす」ことです。

私たちの先祖は、「ゆるす」という言葉を作り、伝えることで、いっぺんに百パーセントを目指さず、ゆっくり進む、という人生のヒントを授けてくれていたのです。

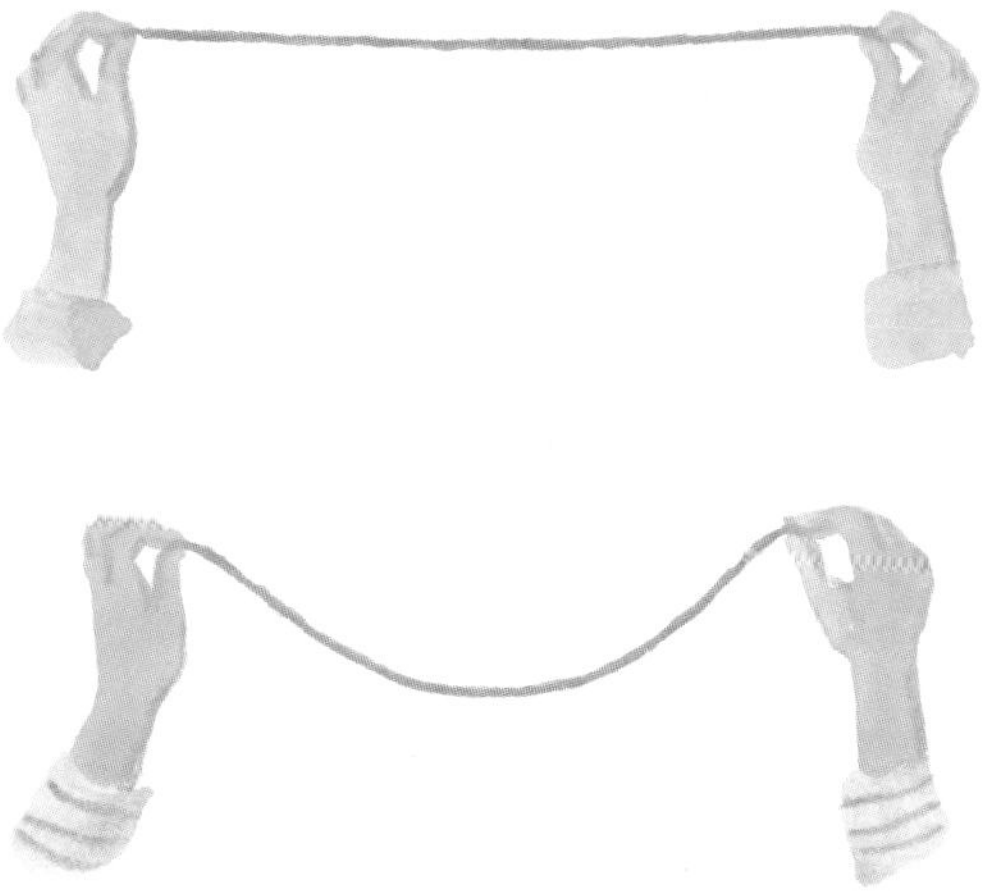

「すみません」と「ごめんなさい」

借りを返せず気が済みません

日本語の謝罪の言葉といえば、「申しわけありません」「すみません」「ごめんなさい」の三つが代表格。このうち「申しわけありません」は文字通り「言いわけができません」ということですが、残る二つは、なぜこう述べることが謝罪になるのか、わかりづらい言葉です。

「すみません」は「私の気が済まない」という意味です。私はあなたに対して「借りがある」と感じていて、まだ返していない、あるいは大きすぎて今後も返せそうにない、だから私の気持ちは収まりません、ということ。相手の心を傷つけたり迷惑をかけたりしたときは、「この大きな借りを返すのは難しく私の気が済むことはないでしょう」ということで「すみません」が謝罪の言葉になります。ちなみに恩義も「借り」と見ることができるので「すみません」は感謝の言葉にもなります。

「ごめんなさい」は漢字で書くと「御免なさい」。「免」は「免じる」行為を指します。「免じる」とは、それまで課せられていた役目、義務、制限、罰などから解放すること。昔は人に迷惑をかけた際に、罰や弁償を「免じること」を願って「御免候《ごめんそうら》え」と言う習慣があり、これが「御免なされ」などを経て現在の「御免なさい」に変わったと考えられます。いまの言葉にするなら「おゆるしください」ということです。

「ごめんなさい」は和解の言葉

「私の気は済まない」と言う「すみません」と、「ゆるしてくれ」と訴える「ごめんなさい」では、「すみません」のほうが深い反省を含む立派な謝罪に思えますが、そうとも言えません。それは、日本の多くの親が、あやまちを犯した子を叱るとき、「ごめんなさい」と言わせてからゆるす、という手順を踏んでいるからです。多くの人がそのように育てられているので、日本人にとって「ごめんなさい」は、身近な人に素直にあやまって和解を請うための言葉。だから、ビジネスに関する謝罪などには合いませんが、反省の気持ちが前面に出る表現と言えます。

いっぽう「すみません」は、真摯な謝罪の場だけでなく、街で他人の肩に触れた、といった場面でも多く使われるので「いつでも使えるおとなの謝罪の言葉」という感じ。便利な反面、その文言だけでは「心からの謝罪」という雰囲気は生まれません。

だからお勧めしたいのは、ずっと仲良くしたいと思っている身近な人にあやまるときは「ごめんなさい」を多く使うことです。謝罪だけでなく、仲良くしたい、素直でありたいという気持ちも伝わります。

五章

にほんご人間模様

言葉とは何でしょう。
ふだん私たちが意識しているのは、
知識や思いなどを人に伝えるための道具、
という側面ですが、その前に、
そもそも自分が何を知り、何を思っているのか、
ということを自分の中で「形」にするのも言葉の役割。

私たちの心が落ち着いた状態を保てるのは、
無数の「形」がしっかり組み合わさって、
安定を保っているからです。
いい言葉はいい心を支え、
そこから、
いい触れ合い、いいご縁が生まれます。

大丈夫《だいじょうぶ》

「大丈夫」という言葉の意味が揺らいでいます。「コーヒーに砂糖をお入れしましょうか?」「大丈夫です」のように、周囲の人からの申し出を断る言葉としても使われるようになったのです。「それには及びません。私はいまのままで大丈夫です」という気持ちを「大丈夫です」という一言で表しているわけで、その裏には、従来の「けっこうです」という言い方では相手を傷つけてしまうかも、という不安が隠れています。相手への配慮から生まれた使い方なので、共感できるところもあるのですが、私は、できれば一時の流行で終わってほしいと願っています。「大丈夫」という語の持つ独特の頼もしさや温かさに、「拒否」の色合いは似合わないと思うからです。

「大丈夫」は中国から伝わった言葉ですが、中国語の「丈夫」は「一人前の男子」のこと。それに「大」をつけた「大丈夫」は「立派な男子」という意味です。そんな「丈夫」「大丈夫」の二語を、私たちの先祖は不思議な形で受け入れました。当初は本来の意味で使っていたようですが、やがて、二語とも「堅固だ」「しっかりしている」という意味を担うようになります。すなわち、現在の「丈夫」という語の意味。おそらく「頑健な男子」のイメージが膨らんで、この意味が生まれたのでしょう。

そして、「大丈夫」はさらなる変化を遂げます。と言っても、辞書で「大丈夫」を引くと「危なげがないこと」とあるので、これだけを見ると「堅固」からさほど変わっていないようにも思えます。でも、実際に私たちが「大丈夫」と言う場面を思ってみてください。風邪気味で出勤する人が、家族に「休んだほうがいいんじゃない?」と言われて「これぐらい大丈夫だよ」。あるいは、トラブルが起きた現場の責任者が、会社への電話で「大丈夫です。解決できます」。そんな場面が頭に浮かびます。悪い状況に陥る可能性があるときに、それを否定する言葉として使われることが多いのです。

否定するのは「堅固な性質」を備えているからでしょうか。もちろん、そういうケースもあります。「このビルは耐震建築なので、震度7の地震が起きても大丈夫です」などと言う場合です。でも、先ほど挙げた、風邪気味でも大丈夫、トラブルが起きても大丈夫、というケースでは、大丈夫である根拠として本当に堅固な性質があるのか、怪しいものです。おそらく発言のもとにあるのは「たぶん、自分はこの事態を乗り切れるだろう」という推測であり、それはたいていの場合、「そうであってほしい」という願望の反映です。

つまり、私たちが「大丈夫」と言うとき、そこで語られているのは、堅固な性質があるという「情報」ではなく、たぶん乗り切れるだろう、頑張って乗り切ろう、という「思い」であることが多いのです。だから、本当は「大丈夫だと思う」と言うべきなのですが、私たちはそうしません。もっぱら「大丈夫です」「大丈夫だよ」と言い切り、言われた側もそれで心を落ち着かせます。これは、情報と思いの融合、日本的に言うならば「ないまぜ」です。

ないまぜは、厳しく言えば、ごまかしです。述べているのが「情報」なのか「思い」なのか、という大切なポイントをぼかしているのですから。「大丈夫」と似た使われ方をする言葉に「平気」がありますが、こちらは、自分の「気」が平穏だと言っているので、聞き手は「この人は主観を言っている」と感じながら聞きます。「大丈夫」は、そこがぼかされているのです。

したがって「大丈夫」という言葉は、使いようによっては危険です。

冬山に登る人が「あの山は軽装でも大丈夫」と言ったり、電気ストーブを使っている人が「少しなら洗濯物を乗せても大丈夫だよ」と言ったり。そんな「大丈夫」は聞き手の判断を狂わせます。おそらく、昔もいまもこうした会話は無数におこなわれていて、悪い結果につながっているケースも少なくないと思われます。それは、肝に銘じておくべきこと。ただ、私たちが山あり谷ありの人生を頑張って生きていく中では、こうしたないまぜに助けられることが多い、というのも事実なのです。

たとえば、難病を患っていることがわかった人に対する、医師の「大丈夫。腰を据えて治療すれば治ります」という言葉。失恋して泣く友人に言う「大丈夫。次はもっといい恋が待っているよ」という言葉。冷静な目で見れば、ここにも情報と思いの混合があります。客観的には、そうだとは限らないのですから。でも、こうした場面で「大丈夫だと思う」と言われても、心は癒されません。そして癒されないままだと、うまくいくはずのこともダメになってしまうのです。だから私たちは、人を慰め、励ます際には、あえて「大丈夫」と言い切ります。ときには、自らも呪文のように「大丈夫、大丈夫」と繰り返し、前に歩き出します。

でも、なぜ、私たちの先祖は、この大切な役割を中国からやって来た「大丈夫」という言葉に託したのか。一つは、そこに「丈夫」という言葉が含まれるからでしょう。「堅固」という意味で日常的に使われている「じょうぶ」という音がそこに響くことで「堅固な性質に守られている」空気が生まれるのです。

もう一つ、濁点が多いことも見逃せません。多くの日本人にとって、濁点がついている文字の発音は、そうでない発音と比べて、重く強く響くと言われています。擬声語を思ってみても、「コロコロ」より「ゴロゴロ」が重く、「ヒューヒュー」より「ビュービュー」が強い感じですね。「大丈夫」は「だ」で始まって、途中に「じょ」をはさみ、「ぶ」で締めくくる単語。短い中に三つの濁音がバランスよく並んでいて重量感と安定感があり、不安な心を落ち着かせるのです。

私たち日本人は生まれた直後から、この言葉を繰り返し聞きます。この世に生まれてからの数年間は、何をするのも「冒険」だからです。赤んぼうは日に何度も号泣しますが、そのたびに、そばにいる家族や保育士さんが「大丈夫、大丈夫だよ」と声をかけてくれるのです。そして実際、何事も起きず、自分の心もふつうの状態に戻る。誰もがそういう経験を繰り返し、成長してきたので、信頼する相手の口から出る「大丈夫」

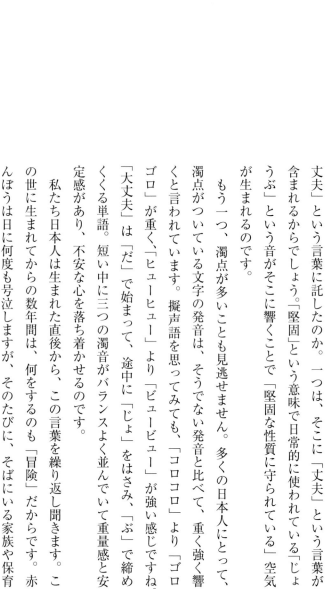

は、私たちの心の深いところに響き、傷を癒してくれるのです。

大きな挫折や悲しみのせいで生きるのがつらいときも、尊敬する人に「大丈夫、君なら乗り切れる」と言ってもらえれば、一歩ずつ前へ進もう、と思えます。愛する人を失い、未来が見えなくなったときも、親しい人に「大丈夫、私がついている」と言ってもらえれば、生きる気力が湧きます。この日本列島では、数えきれない人々がそうやって支え合ってきたし、これからも支え合っていくでしょう。言ってみれば、私たちは「大丈夫」で支え合う仲間なのです。

にこにこ

「にこにこ」は笑顔の象徴のような言葉。でも、語源をたどると、また別の顔が見られます。

「にこにこ」の「にこ」は古代からある言葉で、その意味は「柔らかい」。昔の人は柔らかい草を「にこぐさ」、鳥などの柔らかい毛を「にこげ」と呼びました。つまり「にこ」は触感についての言葉なのです。それが次第に、笑顔に代表される「見た目に柔らかい表情」についても、「にこにこ」「にこやか」といった形で使うようになり、いっぽうで「にこぐさ」などの言葉がほとんど使われなくなります。それで、「にこ」が「柔らかい」という意味であることは忘れられ、結果として「にこにこ」や「にこやか」は笑顔を表す言葉になりました。

でも、いまでももとの意味が感じられることがあります。たとえば私の友人の母親である高齢の女性は、みんなから「いつもにこにこしている素敵な人」と言われていますが、本当にいつも笑顔かといえば、そうではありません。農作業をするときや孫を叱るときは真剣な表情をしています。でも「いつもにこにこしている」という言葉がぴったり。それは、真剣な顔もどこか「柔らかく」感じられるからです。

人の顔が「柔らかい」とは、どういうことでしょう。ちょっと考えると、怒っているときは顔の筋肉が硬直しているが笑顔のときは柔軟、ということのように思えます。が、もしそうなら疲労による弛緩も「柔らかい」と表現されるはずだし、そもそも筋肉の硬さはほとんど変わりません。

この場合の「柔らかい」は、もっと根源的な「受容」の印象を表すものでしょう。かつてテレビ番組で、子猫たちの前にごつごつした猫の像とふわふわの猫のぬいぐるみを置く、という実験をしていましたが、すべての子猫がぬいぐるみに身を寄せました。私たち哺乳動物にとって柔らかさは「受容」の象徴。だから、洋の東西を問わず、多くの言語で「この人は自分を受け入れてくれている」と感じられる穏やかな態度や表情を「柔らかい」という言葉で表すようになったと考えられます。

こうしたことを踏まえて「いつもにこにこしている」人のことを思うと、その「にこにこ」の深い意味が心に染みます。現実には、常に笑顔でいるわけではない。でも、いつも、周囲の人を受け入れる顔をしてくれているのです。

気配《きくば》り

「気配り」は、親切で細やかな心のありようを示す言葉として定着していますが、私に言わせれば、もっとレベルの高い、最上級の心のありようを示す言葉として使うべき単語です。

「気配り」は「気を配る」こと。気を配る。あらためて見つめると、すごい言葉だと思いませんか。「気」とは、人の人たる所以である「心の働き」。それを他者に「配る」のですから。なのに、「親切」の親戚ぐらいに思われているのは、「気を配る」という言葉を聞いても何のイメージも湧かず、抽象的な表現のように感じられるからでしょう。そこで、その様子が目に浮かぶ方法をご紹介したいと思います。

まず、「配る」という言葉の意味を広くとらえることです。私たちにとって「配る」とは、街角でビラを配ったり、教室で先生がテストを配布したりする、あの行為。すなわち、多くの紙片や物品などを、複数の人に順に渡していく行為です。でも、昔はもう少し広い意味を持つ言葉でした。村落や神社の由緒を記す文書に、水流の分岐点を意味する「みくまり」

という語が出てくるものがありますが、この「み」は水、「くまり」は「くばり」の古い言い方で、たいていは「水分」と書いて「みくまり」と読ませています。つまり、昔の人にとっては、水の流れも「配られる」ものでした。したがって、一つの池から東西南北へ延びる水路を作って周囲の田んぼへ水を流したなら、それは「水を配る」ことだったわけです。現代人の私たちは「配る」と聞くと固形物しかイメージしませんが、もともとは水のような流動物を同時にあちこちに流すことも「配る」ことなのです。

そのことを頭に置いて「気を配る」という言葉を見直すと、イメージが鮮やかになります。昔の人々は「心の働き」を流動物としてとらえていて、だからこそ、「気」と呼びました。この「気」は、一人でいるときは自分のためだけに機能させているもの。でも、人と一緒に過ごす場面では、これを周囲の人々に向けて流す、それが「気を配る」ことです。

それは、「気」を「与える」こととは違います。「与える」ならば、自分の好きな人だけに向けて「気」を流せばいいわけですが、「配る」となると、そこにいるみんなに流さなければなりません。私が「気配り」を、最上級の心のありようを示す言葉だと感じる理由はここにあります。一人の相手への「親切」や「優しさ」などは、多くの人が備えている心の働きですが、「気配り」は、それに加えて「誰に対しても平等に接しよう」という意識がなければできないのです。

こうした「気配り」の尊さを、より深く、はっきりと胸に刻みたいときには、助けてくれる仏さまがいます。千手観音です。

私は若いころ、この観音像があまり好きではありませんでした。手がごちゃごちゃしていることばかりが気になって、優しさを感じることができなかったからです。多くの寺にはちゃんと説明板があり、そこには「たくさんの手は人々を分け隔てなく救う菩薩の心を表している」と書かれているのですが、それもぴんと来ませんでした。が、あるとき「気配り」という言葉のイメージと結びつき、その途端に、まさに目からうろこが落ちるように、美しく見えるようになりました。

身分制度や差別のせいでつらい思いをしていた昔の人々にとって、本当に立派な人とは、みんなに「気を配る」ことができる人であり、その象徴が千手観音なのかもしれない……。そう思うと、たくさんの手を持つ姿がとても身近に、そしてありがたく感じられるようになったのです。

ねぎらう

「ねぎらう」とは、苦労した人に対してその努力を評価し、感謝やいたわりの心を伝えることですが、この言葉には、兄弟と呼べる単語があります。それは「願う」。それほど近い言葉には見えませんが、どちらも「ねぐ」という単語から生まれた言葉なのです。

「ねぐ」は古代の言葉で、その意味は「心を慰め、安らかにする」こと。昔の人は、誰かの心が乱れ、慰撫を必要としていると感じたときには、それが神様であっても幼児であっても「ねぐ」ことをおこなっていました。

具体的な行為は、相手によって違ってきます。相手が神様や目上の人の場合、恐れ多くて慰めの言葉はかけられないので、「どうか安らかな御心でこれまでどおり私をお守りください」とひたすら祈り、いっぽう家来や子どものような目下の相手に対しては、その心を癒すための言葉をかけます。そして、このどちらであるかをはっきり示すために、「ねぐ」は二つの言葉に分かれました。前者が「ねがう」で、後者が「ねぎらう」

です。その後、双方とも「心を安らかにする」という根本の意味が薄れて、それぞれ「期待する」「感謝やいたわりの心を伝える」という意味になったと言われています。

さて、こうした経緯を知ると、あることが気になりませんか。そう、この兄弟を、私たちが平等に育てていないことです。「願う」やその名詞形の「願い」という語は、誰もが毎日のように使っていますが、「ねぎらう」や「ねぎらい」はめったに使いません。この状況はどう考えたらいいのでしょう。

相手を「ねぎらう」タイミングは、その人が周囲の期待を背負って何かに挑戦したあと。でも、挑戦が成功した場合は称賛がすべてを兼ねてしまうので、意識して「ねぎらう」のは、失敗のあとです。そして、先祖にならって二つに分けて考えるならば、失敗し落胆している人が目上である場合は、やはり声をかけづらいように思います。プライドを傷つけてはいけないので、先祖同様、その心の安寧と次回の成功を「祈る」のが最善の方法かもしれません。が、目下の人ならば、先祖たちが言葉を作って示してくれたように「ねぎらう」ことができるのです。

すなわち、まずその努力を認めて「ご苦労さま。ありがとう」と告げれば、傷ついた心を多少なりとも癒すことができるはず。なのに、私たちは多くの場合、自身の落胆から立ち直れず「しかたない」などと寛大な人を演じるのが精一杯。それが現状のように思います。

せっかく先祖から送られた「ねぎらう」という言葉があるのに、生かせていないのは残念なことです。たとえば、頑張った子どもが試験に落第したり競技で負けたりしたとき、あるいは、一生懸命に仕事をした部下が思うような成績を挙げられなかったとき、親や上司がまずその努力を認め「よくやった。立派だった」とねぎらう習慣があれば、そうした残念な状況もさらなる愛情や信頼関係をはぐくむ機会になるはずです。

いじらしい

私たちは、幼い子などの言動を見ていて「いじらしい」と思うことがあります。たとえば五歳の子が自分の誕生日に、お父さんの帰りは遅くなると聞かされても「一緒に食べる」と言い張って大好物のケーキに口をつけずに待っている、そんな子を見ると「いじらしい」と感じます。

でも、たとえば、外国の人に「どんな意味？」と聞かれたら、説明するのは大変です。英単語はもちろん、日本語の単語でも、意味が近くて置き換えられる言葉が見つからないからです。

調べてみると、古くは「気の毒だ」という意味で使われており、時代を経るにつれ、そこに「弱い立場で努力しているので助けてあげたい」という思いや、「そうした努力のさまが愛らしい」という気持ちが加わったようです。先ほどの例を振り返れば、お父さんのいない寂しい誕生日になって気の毒。でも、幼心で自らを制してケーキを食べずにいる姿はとても愛らしい。できることなら助けてあげたい……。確かに、三つの思いがそろっています。語源については、心がしぼむ、という意味の動詞「いじける」の「いじ」から生まれた、とする説や、努力する様子に「意地」を見て「意地らしい」という語ができた、とする説などがあるようですが、定説はなく、またどの説も現在の「いじらしい」が含み持つ微妙で複雑な意味に迫るものではありません。

だから、外国の人に意味を聞かれたら、ここまで説明してきたようなことを言うしかないのです。すなわち「いじらしい」とは、「自分より弱い立場の人が努力する様子を見たときに湧く、気の毒だ、助けたい、愛らしい、という三つの思いが合わさった感情」だと。でも、これで「わかった」と言ってもらえるでしょうか。私はまだこの説明をしたことがありませんが、英国出身のある友人を思うと、こんな反応が浮かびます。

「そんな感情は作家が長い文で表現すべきものだ。なぜ、それを一語で表す形容詞があるんだ?」

おそらくどんな民族にも、このような、外から見ると「なぜそれを一語で表すのか理解できない」言葉があり、それがその民族の個性なのでしょう。私たちは「いじらしい」という言葉を当たりまえに使っていますが、それは、子どものような弱い立場にある者の心理に対する、私たちの関心や共感の深さを示すものなのです。

怒《おこ》りんぼう

最近はパリの女性たちの間でもキティちゃんが人気だそうです。このような「子どもっぽいかわいさ」に注目し称賛する文化は、いまやわが国が世界に売り込む目玉商品ですが、私は一群の日本語にそうした文化の源流を感じます。それは、「甘えんぼう」「裸んぼ」のように、語尾に「ぼう」や「ぼ」をつけることで「かわいさ」を表現する言葉です。

ルーツは意外なところにあります。「ぼう」や「ぼ」の語源は「僧侶が住む建物」を指す「坊」という語。そこから「武蔵坊弁慶《むさしぼうべんけい》」のように僧侶を「○○坊」と呼ぶ習慣や、「お坊さん」という言葉が生まれました。

そして、私たちの先祖はこの「○○ぼう」という言葉がよほど気に入ったのでしょう。さまざまなものにこの名をつけます。おそらくはじめは幼い男の子を呼ぶときの「次郎ぼう」といった言い方。これは男児の刈りあげた頭が僧侶のようだから、ということで一応筋が通りますが、その結果「ぼう」の語感が「子どものかわいさ」に結びつくと、以後は「赤んぼう」「裸んぼ」など、かわいいものに次々と「ぼう」や「ぼ」をつ

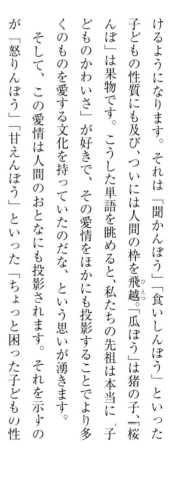

けるようになります。それは「聞かんぼう」「食いしんぼう」といった子どもの性質にも及び、ついには人間の枠を飛越《ひえつ》。「瓜ぼう」は猪の子、「桜んぼ」は果物です。こうした単語を眺めると、私たちの先祖は本当に「子どものかわいさ」が好きで、その愛情をほかにも投影することでより多くのものを愛する文化を持っていたのだな、という思いが湧きます。

そして、この愛情は人間のおとなにも投影されます。それを示すのが「怒りんぼう」「甘えんぼう」といった「ちょっと困った子どもの性質」を表す言葉の用法。私たちはこれを、「父は怒りんぼうで……」などとおとなにも用います。つまり、成人しても内側には子どもっぽさがあることを許し、むしろそこに「かわいさ」を見る文化。これについては「おとながおとなに成りきれていない」という批判もあるでしょうが、結果として互いの弱点を受け入れ、補い合うことにつながるのですから、日本人の「和を尊ぶ心」が生んだ優しい習慣と呼んでいいと思います。

中《ちゅう》ぐらい

「国語の成績はクラスで中ぐらいです」といった形で使われる「中ぐらい」。耳になじんだ言い回しですが、なんとなくおかしみを感じる言葉です。そもそも「○○ぐらい」というのは、「気温は三十度ぐらい」「標高は富士山頂ぐらい」のように、具体的な数値や物を示したうえで「それとほぼ同じ程度」と言う場合に使う言葉。その「具体的な数値や物」が入るべきところに「中」という抽象的な言葉が収まってしまっているのです。

この「中」は「正確な中心点」ではないし、「上」「中」「下」に三等分されたうちの「中の集団」というほど明確な範囲を示しているわけでもない。つまるところ、「最上層でも最下層でもない大多数」という程度の意味しかありません。そんな「中」に、さらに「ぐらい」がついているのだから、その範囲はゆるゆる。正確な情報伝達をしたいときにはまったく使えない言葉です。

でも、学校時代の私たちはこの言葉にどれほど助けられたか。なにしろ、学校というところはすべてに序列が生まれがちな場所であり、序列があれば、親を始めとするおとなたちは「クラスでどれぐらい？」と聞きたがります。でも子どもにとって、そのほとんどは意味のない質問。なぜなら、自分の好きな科目や得意な事柄に関しては、自分なりに頑張っているので順位が気になるけれど、それ以外は、実はどうでもいいからです。

なのに親たちはすべてについて「少しでも上がいい」という前提で聞いてくるので、たいていは適当にあしらいたい。そこで重宝するのが「中ぐらい」という答えです。「目立つほど下じゃないよ」という程度の意味で言っている場合が多いのですが、親は勝手に「真ん中あたり」を想像して話を終えてくれる、というわけです。

いま思えば、客観的な評価は学校の役目の一つなので、多くのことに関して順位をつけるのはしかたがないこと。そして、親が少しでも上を望むのも自然な情です。でもそうなると、子どもはいつも「どれぐらいか」を話題にされて迷惑することになるので「中ぐらい」というゆるゆるの言葉が用意されている。言葉とはうまくできているものです。数ある言葉の中には、こんな役割を担うものもあるのです。

ボタンの掛《か》け違《ちが》い

日ごろ見聞きする慣用句やことわざの中には、比喩が巧みだな、と感心するものが数多くあります。「のれんに腕押し」は手応えがない感じを見事に表しているし、「焼け石に水」は、激しい状況で少々の処置を施しても何の効果もない、その様子をとてもわかりやすく表現しています。

そんな中で、微妙で複雑な人間関係を表す慣用句として、見るたび、聞くたびに感心するのが「ボタンの掛け違い」です。「掛け違え」とも言いますね。たとえば、ある夫婦が離婚した、という話の中で、「はじめはちょっとしたボタンの掛け違いだったのが、徐々に不信感が増して……」というような使い方がふつうです。シャツなどを着るとき、一つめのボタンを誤ったボタン穴に入れてしまうことは起こりがちですが、すぐに気づけば容易に直せる。でも、そのままほかのボタンもとめてしまうと最後にはひどく歪んだ外観を呈し、直すのも大変。それと同じような感じで、段々と夫婦関係がこじれてしまった、というわけです。

そう言われれば、なるほど、そういうことはあるだろうな、という気がします。小さな心のすれ違いは誰でも経験することだし、そのせいで次のいさかいが生じ、次第に修復困難になる、という成り行きも理解できます。人間関係をボタンにたとえたこの言い回しは、説得力のある、見事な比喩だと思います。古い用例は見当たらず、また私が調べた限りでは、人間関係の失敗を「ボタンを掛け違える」ことにたとえる外国語の慣用句は見つからないので、おそらくこの数十年の間に日本で生まれた言い回しでしょう。

さらに、私がこの言葉に感心する要素は、争いのいっぽうを悪者にしないことです。人と人の関係は微妙なもので、どちらにも非はないのに関係が破綻する、ということはあります。が、そんなときでも周囲は「悪いのはどっちだ?」という単純な見方をしがち。でも、事情を知る者が「ボタンの掛け違い」という言葉で説明すれば、誰かを悪者にすることなく、この事態を受け入れることができます。

それは、俯瞰的に見れば、社会が少し賢くなった、ということ。つまり「ボタンの掛け違い」という言葉が生まれたことで、私たち日本人は少し賢くなるチャンスを得たのです。

適当《てきとう》

「適当」は困った言葉です。本来は「ちょうどいい」という肯定的な意味なのに、「また適当なことを言ってるでしょ」と言う場合の「適当」は「真剣でない」「不誠実」ということ。称賛にも非難にもなってしまうのです。同じ性質は「いいかげん」という言葉にもあり、この二語について、外国の人に「わかりづらい」と言われると、「その通り。ごめんなさい」と謝るしかありません。でも、なぜこうなったかを考えると、この国の先人たちの心のありようが見えてくるのです。

「適当」が「真剣でない」という第二の意味を持ってしまうわけを理解するには、武道の道場を思い浮かべるのが一番です。たとえば、剣道の師範が来客に技を披露するため、一人の弟子を指名して「本気で掛かってこい」。でも弟子は、自分が本気になればなるほど師範は興に乗ってがんがん打ってくることを知っているので、こう思います。「ひどくやられたら恥をかくし、体が痛くて明日にさしつかえるかも。そうならないためには八割ぐらいの力で臨むのがいい」。つまり、多くのことに目を配り、総合的に考えて、最も「ちょうどいい」程度を見極めて師範に挑みます。言い換えれば、それが本来の意味で「適当」だと思うから。でも、彼はあとで厳しく叱られます。師範は「常に全力で挑んでこそ剣の腕は磨かれる」と信じているからです。

この師範のような「全力主義」の人から見ると、総合的な観点から「適当」な力加減を見いだす、いわば「調整主義」は、真剣さを欠く姿勢にほかなりません。ですから、師範のような人が「適当」という語を口にする際には「真剣でない」「不誠実だ」という皮肉を込めて使う場合が多くなり、やがてそれが第二の意味になったのでしょう。「いいかげん」も同様の経緯をたどったと思われます。

そして、この第二の意味は、定着、普及しました。ということは、多くの先人たちが「全力主義」に共感を覚えた、ということ。私が感心するのはそこです。

いまの説明では、全力主義と調整主義を師範と弟子に分けましたが、現実には、この二つは一人の中に並存し、葛藤を生むもの。私たちは子ども時代、伝記やドラマを通して、偉人と呼ばれる人々が全力主義で夢を実現させる様子に感動し、憧れます。でも、一般的には諸々の要素のバランスをとらないと心身が参ってしまうもの。そして、日々の暮らしに追われる庶民の場合、たいていは、現実への適応を優先する調整主義が次第に色濃くなり、かつて感動した話についても「あの人は天才だったんだ。自分には関係ない」「あれはあくまでドラマだ。現実じゃない」などと思うようになるのがふつうです。

　でも、この国の先人たちの多くは、少なくとも全力主義に憧れを抱き続け、「適当」を求めることを低く見たのです。なんと熱い人々でしょう。私は先ほどの弟子のように、もっぱら調整主義で生きる人間ですが、それでも、先人たちのこの純粋さに行き当たったときは感動しました。ことに臨む際の理想の姿を追う、この熱い心は受け継ぎたいものです。

聞《き》くともなく

中学時代、国語の授業で習った「聞くともなく聞いていた」という文が学級内で流行を生んだことがありました。たとえば、朝食を食べたかどうか聞かれると「食べるともなく食べた」、教室の掃除をしたかどうかが話題になると「掃除するともなく掃除した」のように、何かにつけて「○○するともなく○○した」というフレーズを使い、「したか、しなかったか、どっちなんだよ」とツッコミ合ったのです。

もちろん、みんな「聞くともなく聞く」が「ぼんやりと聞く」という意味であることは理解できたし、一つめの「聞く」は「聞こうとして聞く」こと、二つめは「自然に耳に入る」ことだという先生の説明にも納得していました。なのに、こんな遊びがはやったのは「なぜおとなはこんな変な言い方をするんだ?」という気分だったからでしょう。でも、四十年以上経たいま、私が感じているのは、この変な言い方から得られるものの豊かさです。

得られるもの。その一つめは、日本語の語彙への批評精神です。なにしろ、ある動詞をまず打ち消してすぐに肯定するのですから、これは言葉への信頼を傷つける行為。でも、「聞くともなく聞く」という表現があるおかげで、私たちは「聞く」という動詞が、実は「聞こうとして聞く」という能動的な行為と「自然に耳に入る」という受動的な認知を一緒にした、あいまいな言葉である、ということを知ります。

「見るともなく見る」とも言うので、「見る」という言葉にも同様のあいまいさがあることを学びます。先人たちは「○○するともなく○○する」という言い回しを用いることで、遠い先祖から受け継がれてきた日本語を大事に使いつつ、その不完全さについて注意を促してくれているのです。

また、私たちが意識や感覚について深く考えるためのヒントも得られます。「○○するともなく○○する」という表現を知る私たちは、「聞く」「見る」以外でもそういうことがあるだろうか、と思いを馳せることができるわけで、これは、私たちが自らの心のありようを観察する貴重な機会です。

と言っても、中学時代の私や級友のように「食べる」「掃除する」などの言葉をそこに入れたところで、せいぜい「ぼんやり○○する」という意味が生まれるだけでおもしろみはありません。しかし、「見る」「聞く」とともに五感を構成する「嗅ぐ」「味わう」「触れる」や「思う」という動詞を当てはめてみると、新たな感覚が広がるのです。

ぜひやってみてください。たとえば、何も食べていないとき、舌は口の内側を味わうともなく味わっているかも。あるいはいまも、あなたの手は何かに触れるともなく触れているかも。いろいろ想像すると、これまで知らなかった自分に出会えるかもしれません。

私が最も興味を覚えたのは「思うともなく思う」という心のありようで、日々の行動を振り返ってみたら、私の心は少なくとも一日に二時間はそういう状態であると判明しました。二時間ともなると、その内容は私の人生観や幸せの度合いに相当な影響を与えているでしょう。どんな影響なのか、また、意識して内容を変えることはできるのか、大いに興味の湧くところです。そんなふうに考えると、「○○するともなく○○する」という言い方から、心理学の新分野が生まれるかも、という気さえします。

○○したがる

テレビ番組の中で、外国出身のタレントが「私は相撲中継を見たがる」と言うのを聞いて、なんとなく変だと感じました。家族も「ちょっと変だね」と言います。主語が「彼」や「あなた」なら問題ないのですが、「私」や「僕」が「○○したがる」という文はどこか違和感があるのです。でも、辞書で「○○したがる」を引くと「『○○したい』という欲求を言葉や行動で表すこと」とあり、だったら「私」が「見たがる」ことになんの問題もないはず。なのに、なぜ変だと感じるのか考えてみました。

私たちの胸の奥では常にさまざまな欲求が湧いています。その中には周囲の人の力が必要なものも多く、それを果たすためには依頼し、協力してもらうことが必須。でも、家族や会社といった集団に属する全員がいろいろな欲求を覚えるたびにそうしていたら、集団はやることが増えすぎて混乱してしまいます。だから私たちの社会では、個人的な欲求の表明はなるべく控える、あるいは、いい頃合を待つ、というのが、常識とされています。たとえば、テレビの相撲中継が見たくても、まずは自分以外の人がどう思っているのか様子をうかがい、ほかの番組を見たい人がいないとわかってからチャンネルを相撲に合わせる、といった具合です。

しかし、もちろん諸々の事情や理由で、ある人の欲求が高じている、という場面は珍しくありません。そしてその場合は、いち早く「相撲中継が見たい」と言ったりチャンネルを変えたりする。そんな様子を述べるときに使うのが「○○したがる」という言葉なのです。つまり「○○したがる」という言葉は、単に「欲求を言葉や行動で表すこと」ではなく、見ている人の心にある「常識」のレベルよりもやや強く欲求をアピールしている、というニュアンスを含みます。

だから、見ている人が「彼は○○したがっている」と思うのは自然ですが、本人が「自分は○○したがっている」と思うことはまずありません。欲求が高まっている本人に「常識」との差を感じる余裕などないからです。「私は相撲中継を見たがる」という文が変だと感じられる理由はここにあります。ただし、より客観的な目で自分を見る機会、たとえば他者と自分を比較する場面などがあれば、そこでは「常識」との差を感じるわけで、そうした場で口にされる「私は誰よりも相撲中継を見たがる」という発言なら違和感は薄らぎます。

このように、「○○したがる」という言葉は、「したがる」人の欲求について述べる形をとりながら、実はそれを観察する人の感じ方まで伝えるユニークな表現です。そして、さらにおもしろいのは、「したがる」主体がその欲求を意識していなくてもこの言葉を使えること。たとえば、父親が生後三カ月の娘について「やたらと俺の顔をさわりたがるんだよ」と言う場合、当の赤ん坊は「さわる」という言葉さえ知りませんが、観察者である父親が赤ん坊の心の奥を想像し、「さわりたい」という無意識の欲求があると判断して「顔をさわりたがる」という文を作っているわけです。「○○したがる」という言葉はそんな使い方もオーケーなのです。

だから、友人どうしならこんなやりとりも交わせます。

「あなたはどんな場所でも目立ちたがっているよ」

「え、そうかなあ」

つまり、何気ない会話で人間の心の深層を語れるのです。こんなふうに使える「○○したがる」という表現は、日本人の「人間観察の目」の鋭さが生んだ言葉、という気がします。

むら

「むら」「まち」は、地方自治体である「○○村」や「○○町」を指す言葉として使われることが多いため、どうしてもそうした自治体の定義に引っ張られて、「むら」は人口が少ないところで、多いと「まち」、という印象を抱いてしまいます。が、それはこの二語の最上層の意味でしかありません。

「むら」はもともと、さまざまなものが「自然に集まる様子」を指す言葉で、それを表す動詞が「むらがる」です。むらがって湧きあがる雲は「むら雲」で、欲望や怒りなどが心の中でむらがっている状態は「むらむら」。そして「人家がむらがるところ」も「むら」と呼ばれるようになったと考えられます。動物の集まりを指す「むれ」も兄弟のような言葉。すべての核にあるのは「集まる」ことです。

ただ、「むら」という語をよく理解するには、自然の中で何かが集まるとはどういうことかを想像することが必要です。雲や、鳥や、落ち葉が集まる様子を思ってみてください。人が物を集めるのとは違って、百パーセントが一カ所に集まることはないし、直線的に並ぶこともありません。物理の授業のような言葉を使うなら、空間における散らばり方に偏りが生じて「密」な部分と「粗」の部分が生まれるだけです。昔の人が「むら」と呼んだのは、そういう集まり方なのです。したがって「むら」という言葉は、濃さなどが「均一でない」という意味も持ちます。「むら気」「仕事にむらがある」などというときの「むら」です。

この二つの言葉のように、人間の気性などについて使われる「むら」にはいいイメージがありません。それは「人の精神は一定であるべき」という考えが常識としてあるからです。

しかし、気象や火山、動植物の活動といった大自然の営みは、この世界の粗と密のありようを刻一刻と変えているのだから、人間の心身の状態や環境との関わり方についても「むら」を肯定的にとらえ、それを生かそう、という発想も可能です。演劇やショーの作り手、遊園地の乗り物の設計者などは「緊張感のむら」を作ることで客に大きな満足感を得てもらおうと努めているし、扇風機の会社は人が心地よく感じる風のゆらぎ、すなわち時間的に見た「風量のむら」を追求しています。

「むら」とはこのような言葉です。だから、村落という意味の「むら」

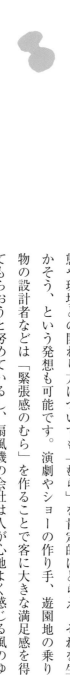

の景色は、語源に沿って言うなら「自然の営みの一環として人家が密になった様子」。そう思うとじっくり鑑賞してみたくなりますね。

続いては「まち」です。実は、ここまでの話で「自然の営み」という言い方を繰り返したのは、これから説明する「まち」との違いをはっきりさせるためでもあります。「まち」という言葉は、もともと「区切られた一区画」を意味しました。区切るのは人間であり、そこには、土地を均等に分ける、あるいは、使いやすい形状にする、という意思が働くので、多くの場合、区画の形は四角形。その結果「四角く区分された場所」が「まち」と呼ばれるようになりました。最近はあまり耳にしませんが、区画した田んぼも「まち」であり、全国に「まちだ」や「たまち」という地名があるのはこのためです。

人の住居に目を向けるなら、大昔の人家は自然に集まって「むら」を作っていたけれど、やがて有力な支配者が現れると、人々を自分の館の周りに集め、区画した土地に住まわせるようになって、ここから現在の「まち」が生まれたわけです。ちなみに、一つ一つの区画の違いに注目する言葉が「まちまち」。また、衣服やバッグなどの「まち」も、もとは着物を作る際、布の不足分を補うために用いる四角い当て布のことであり、語源は同じと思われます。

要するに「まち」とは「四角く区切られた状態」のこと。そこには、本来は区切りを持たないものを直線で区切ることで、機能的あるいは平等な状況を作ろうとする人々の意志が感じられます。

つまり、「むら」は自然の一部である人間が作る自然な「密」の状態であり、「まち」は理性を持つ人間だけが作ることのできる合理的な「区画」です。これを頭に置いて「むら」や「まち」の景色を眺めることは、人間とは何か、という哲学的な問いについて考えるきっかけになるかもしれません。また、私たち一人一人の心にも「むら」と「まち」があると考え、どちらを前面に出すかを時と場所によって切り換えたり、いいバランスを探ったりすることもできそうです。

せっかく重要なイメージを含み持つ言葉が今日まで伝わったのだから、そんなふうに広く、深く、使われるようになってほしいと思います。

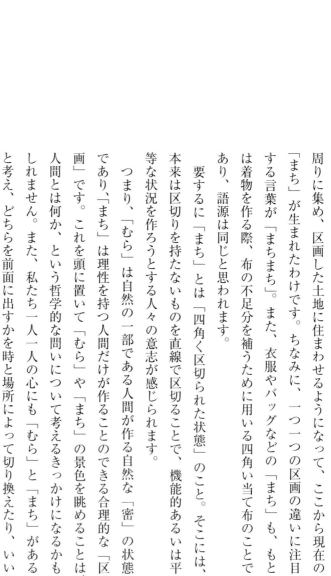

あきらめる

あきらめなければ夢はかなう、という言葉をよく耳にします。立派な業績を成し遂げた人が、若者へのメッセージとして語っている場合が多いようですが、私は聞くたびにそわそわしています。一つには、その語り手を信奉する人への影響が心配だから。その人が、できるかできないか、というぎりぎりの挑戦をしているならば、とてもいい励ましになると思うのですが、途方もないことを夢見ている場合、人生を狂わせかねない、と思うのです。

もう一つ真剣に心配していること。それは、こうした言葉が繰り返されると、「あきらめる」という言葉のイメージがどんどん悪くなってしまうことです。

日本語の歴史を振り返れば、「あきらめる」は決して負の印象を帯びている言葉ではありません。古い形は「あきらむ」で、そのもともとの意味は、ある行為の行く末を見通し、結果を明らかにすること。「明らかにする」を一語にしたのが「あきらむ」というわけです。これを知ったときは、いま私たちが認識している「断念する」という意味とまったく違うじゃないか、という気がしました。でも、よく考えると、そうでもないのです。

たとえば、一人の農民が畑を一反増やすことを思いついたけれど、それでどんな変化が起きるか、ということをきちんと考えてみたら、水やり、草取りなどの手がとても行き届かず、結局、全体の収穫高は落ちてしまうことが明らかになった……。そんな心の働きが「あきらむ」であり、それによって到達する結論の一つが「断念」です。つまり、私たちが思いついたことを断念するとき、その判断は、仮に実行した場合の先行きを「明らかにする」思考と一体のもの。そこから、断念することも「あきらむ」と言うようになったと考えられます。

こうした思考過程はすべてに言えることです。私たちの心には分単位、ときには秒単位で、あれをやろうか、これを食べようか、もっと長く寝ようか、といった思いが浮かびます。が、それぞれの行く末について想像力を働かせた結果、ごく一部を除くすべてをあきらめる。それが「やるべきことをやる」ということであり、私たちが道理に従って生きることです。「あきらめる」ことは、私たちがしっかり生きていくための根

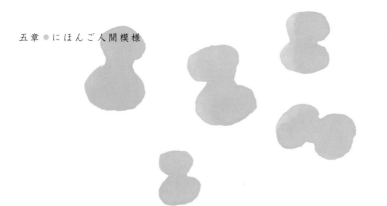

幹であり、「追求する」ことと同じように前向きな行為なのです。

もし、あなたが「あきらめる」ことを恥ずかしく感じたり、いつまでも未練が残ったりする性格ならば、お勧めしたいことがあります。それは、悩んだ末に断念する、という状況になったら、語源が頭に浮かびやすい「明らめる」という表記を思い浮かべて、「うん、明らめた」と心の中で唱えることです。そこで湧く感慨は「見極めた」のそれに近いので、自分の決断を賢い選択だったと納得することができるはずです。

憎《にく》めない

Aさんって、いつもみんなに迷惑をかけてホント困るんだけど、でも、憎めない人だよね……。「憎めない」という言葉は、たいていそんな形で使われます。それはもちろん、自分にAさんを憎む力がない、という意味ではありません。Aさんは人を困らせることがあるが、その言動のおもしろさや愛敬などのおかげで人から憎まれない、そういう性分の人だ、ということです。雑談の中でふつうに使われる言葉ですが、私はこれを聞くたびに思うのです。この一語のおかげで、どれほど多くの人間関係が守られているだろう、と。

私たちはみんな、誰かのせいで困ったり迷惑したりしたら、当然、その人をうとましく思います。たとえば、忙しいときに友人のAさんが訪ねてきて、食事をねだり、好きなことをしゃべって「じゃ、また」と去る。そんなことがあれば、当然、腹立たしく思います。すると、たとえその屈託のない人柄を好ましく思う気持ちが心の奥にあっても、意識されなくなり、「Aさんは嫌な人」という思いだけが残るのです。同じようなことが重なれば、その先に待っているのは不和や喧嘩。せっかく生まれた友情や信頼関係の破綻です。

でも、「憎めない」という言葉を知っていれば、怒りが収まったときに「困った人だけど、憎めない」と思えます。それは、自分の中にある好ましい感情とうとましい思いを冷静に見つめ、「嫌いにはならない」という結論を出すこと。この言葉さえあれば、同じようなことが重なっても人間関係が壊れることはありません。

私たちは心温まる話を聞くと「人間が大好き」になり、残酷な事件の報道に接すると「この世界はひどい」と落ち込みます。人間の心は、刻々と大きさや形を変えるアメーバのようなもの。私はそんなふうに思っています。だから、うまく膨らんで理想に近い形になったら、それをできるだけ長く保持したい。そのとき、それを支えてくれるもの、いわば、自分がいいと思う心の形を保持するための建材となるのが、言葉です。「憎めない」は、私たちが周囲の人に困惑や嫌悪を感じる瞬間があっても好意を持ち続けることができる、つまり、心の広い人間になることを助けてくれる素晴らしい建材。こういう言葉を増やすことこそ、真に豊かな言語文化を築くことだと思います。

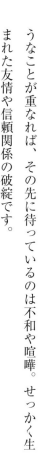

参考文献

松村明編『大辞林（第二版）』三省堂

松村明監修・小学館『大辞泉』編集部『大辞泉　増補・新装版』小学館

新村出編『広辞苑（第六版）』岩波書店

尚学図書編『国語大辞典　第一版・新装版』小学館

山田忠雄他編『新明解国語辞典（第七版）』三省堂

西尾実他編『岩波国語辞典（第二版）』岩波書店

藤堂明保、松本昭、竹田晃、加納喜光編『改訂新版　漢字源』学研プラス

松村明他編『古語辞典（第十版）』旺文社

中田祝夫編『新選古語辞典』小学館

鈴木一雄他編『全訳読解古語辞典（第四版）』三省堂

金田一春彦（序）、芹生公男編『現代語から古語を引く辞典』三省堂

大野晋、浜西正人『類語国語辞典』角川書店

現代言語研究会『日本語使いさばき辞典　改訂増補版』あすとろ出版

山口佳紀編『新語源辞典』講談社

前田富祺監修『日本語源大辞典』小学館

増井金典『増補版　日本語源広辞典』ミネルヴァ書房

堀井令以知編『語源大辞典』東京堂出版

吉田金彦編『衣食住語源辞典』東京堂出版

吉田金彦編『語源辞典　形容詞編』東京堂出版

草川昇『語源辞典　名詞編』東京堂出版

桜井徳太郎編『民間信仰辞典』東京堂出版

『日本古典文學大系 46 巻　芭蕉文集』岩波書店

『日本詩人全集 21 巻　三好達治』新潮社

高村史司『やまとことば 50 音辞典』飛鳥新社

清ルミ『優しい日本語』太陽出版

山下景子『美人の日本語』幻冬舎

エラ・フランシス・サンダース『翻訳できない世界のことば』創元社

外山滋比古『日本語の絶対語感』大和書房

絵　／**井上文香**
装丁／**西郷久礼デザイン事ム所**

※本書は2017年に刊行された『日本の言葉の由来を愛おしむ―語源が伝える日本人の心―』（東邦出版）を改題、一部改稿し再刊行したものです。

心《こころ》が豊《ゆた》かになる
日本《にっぽん》の美《うつく》しい言葉《ことば》の由来《ゆらい》

2021年5月25日　初版第1刷発行

著　者　　高橋《たかはし》こうじ
発行者　　岩野裕一
発行所　　株式会社 実業之日本社
〒107-0062
東京都港区南青山5-4-30
CoSTUME NATIONAL Aoyama Complex 2F
電話 03-6809-0495（編集／販売）
https://www.j-n.co.jp/

印刷・製本　大日本印刷株式会社

ISBN978-4-408-42104-9（書籍管理）